可见的教学影响力

系统地执行可见的学习5D深度教学

[新西兰] 约翰·哈蒂 John Hattie

[英] 阿伦·汉密尔顿 Arran Hamilton

[美] 道格拉斯·B. 里夫斯 Douglas B. Reeves

[澳大利亚] 珍妮特·M. 克林顿 Janet M. Clinton

著

丁硕瑞　译

BUILDING TO IMPACT

THE 5D IMPLEMENTATION PLAYBOOK FOR EDUCATORS

中国青年出版社

图书在版编目（CIP）数据

可见的教学影响力：系统地执行可见的学习5D深度教学 /（新西兰）约翰·哈蒂等著；
丁硕瑞译.—北京：中国青年出版社，2023.8
书名原文：Building to Impact : The 5D Implementation Playbook for Educators
ISBN 978-7-5153-6962-4

Ⅰ.①可… Ⅱ.①约… ②丁… Ⅲ.①教学研究 Ⅳ.①G420

中国国家版本馆CIP数据核字（2023）第089692号

可见的教学影响力：
系统地执行可见的学习5D深度教学

作　　者：[新西兰]约翰·哈蒂　[英]阿伦·汉密尔顿
　　　　　[美]道格拉斯·B.里夫斯　[澳大利亚]珍妮特·M.克林顿
译　　者：丁硕瑞
责任编辑：高　凡
美术编辑：杜雨萃
出　　版：中国青年出版社
发　　行：北京中青文文化传媒有限公司
电　　话：010-65511272/65516873
公司网址：www.cyb.com.cn
购书网址：zqwts.tmall.com
印　　刷：大厂回族自治县益利印刷有限公司
版　　次：2023年8月第1版
印　　次：2023年8月第1次印刷
开　　本：787mm×1092mm　1/16
字　　数：170千字
印　　张：15.5
京权图字：01-2022-5960
书　　号：ISBN 978-7-5153-6962-4
定　　价：59.00元

Contents

目录

序言

从学校没什么用（错误的），到学校（可以）有所作为，再到学校（还）不能产生足够的影响力，最后到学校的变革需要系统且高度严谨的执行力。

在20世纪的绝大部分时间里，许多国家的教育政策均以下文所述的两个假设为基础。第一个假设是"智力完全或在很大程度上取决于天赋，因此智力是固定的、不变的，而且，智力可以通过群体智力测试准确地测量出来"。因此，学校的存在就不是为了"提供一个丰富的且有创造性的环境，而是应该承担起挑选'聪明人'的功能，因为智力是天生的，而且基本和现有的社会等级一致"。

虽然亚瑟·詹森等人坚持认为一般认知能力是遗传的，但巴兹尔·伯恩斯坦等学者则认为后天环境的影响对儿童来说更为重要。不论是哪种说法，许多人认为学生的学术成就很大一部分已经被预先确定了，而学校能改变的微乎其微。正如巴兹尔·伯恩斯坦所言："教育不能补偿社会。"

第二个假设是，学校的教学质量对学生取得成就的影响很小。换句话说，只要学生上学，他们上的究竟是哪所学校，对他们能学到多少东西并没有多大影响。詹森和伯恩斯坦的观点支持了充斥在20世纪70年代初英美政治辩论中关于"教育宿命论"的普遍论调（引自奇蒂的观点）。同时，在美国进行的两项大规模调查也为这一假设提供了有力的依据。

1966年科尔曼调查了3000所美国中、小学超过60万名学生，他们分别来自一年级、三年级、六年级、九年级和十二年级。研究最初的目的是通过聚焦"投入"来描述美国各校间的不平等程度，在后期，研究小组扩大了研究范围，收集了关于教师及管理人员态度的信息，并使用了关于能力和成就的标准化测试对学生进行了评价。

该研究的结论非常明确：

> 学校对孩子所取得的，与其个人背景和总体社会背景无关的成就的影响非常小。这意味着，学校能够独立地为孩子带来的影响很小，学生在家庭、社区环境等方面面对的不平等是导致他们毕业后的不平等局面的主要原因。

6年后，克里斯托弗·詹克斯和他的同事们重新分析了科尔曼的研究及其他一系列研究的研究数据，得出了类似的结论："在高中推行学校质量的平等将使认知的不平等减少1%或更少。"

即使有许多学者、政策制定者和教育家看起来很乐意接受这样偏激的主张，仍有一些人指出，科尔曼和詹克斯所分析的数据是横向的，而不是纵向的，因此，对学生在学校取得的进步关注不够。早期关于国际间的学生成就比较的研究，如第一次国际数学研究，就支持了学校能够有所作为的想法。1974年，《论坛》杂志的一期特刊直接向巴兹尔·伯恩斯坦发出挑战，特刊名为《学校可以有所作为》（*Schools can make a difference*）。

20世纪70年代末，强有力的实证支持表明，学校确实可以有所作为，而且明显有一些学校比其他的学校做得更好。1977年布鲁克弗和莱佐特在密歇根州的8所学校进行了一项研究，研究发现，学校间的学生表现有很大的差异，其中有6所学校的学生表现越来越好，而另外2所则越来越糟。在更成功的学校里，教师们相信，所有学生都可以达到基本的教学要求，教师对自己所取得的成就不那么自满，对学生的期望更高，而且越来越高。

也许，鲁特及其同事在1979年出版的《一万五千小时：中学及其对儿童的影响》(*Fifteen Thousand Hours: Secondary Schools and Their Effects on Children*)更具影响力。该研究自1970年始，选取了伦敦于小学最后一年参与过非语言推理和阅读测试的10岁学生作为便利样本。研究小组跟踪了大约三分之二的学生升学后的表现，研究延续到5年后，这些学生完成义务教育时为止。该研究报告了一系列有用的发现，但其中最重要的也许是学校对学生学术成绩影响的结论：

> 学校间表现出的差异与他们作为社会组织的特征呈现出了一种系统性的相关关系。各种不同的因素，如对学术成绩的重视程度、教师在课堂上的做法、激励和奖励的多少、生源的质量，以及学生能够承担责任的程度都与学校间表现的差异显著相关。所有这些因素并不是被外界因素固定而一成不变的，而是都可以由职员进行修改。

《一万五千小时：中学及其对儿童的影响》出版后的30年间，越来越多更有力的数据证实了学校的作用。人们普遍认同了在不同的学校间存在着效能的差异，而且，更为重要的是，导致这些差异的因素是可以改变的。同时，学校间效能的差异究竟有多大，影响学校间效能的因素有哪些，以及如何支持学校提高效能，这些问题尚未有明确答案。

例如，虽然各学校间学生的表现有很大的差异，但这些差异似乎也可以归因于学校控制以外的其他因素。多年来，除了发布中等教育成绩单

（GCSE），公布学生在英国全国毕业考试中的平均成绩，英国政府还将学生的其他人口特征（性别、民族、社会地位）纳入考量，为每个学校公布"相对增值"（CVA）的数据。2007年，共有4158所学校的学生参加了GCSE考试，平均GCSE成绩和CVA测量值的相关性为0.27，也就是说，目前学生的平均表现大概只有约8%的差异可以归因于学校。2006年，国际学生评估项目（PISA）的数据分析显示，学校经济、社会、文化地位的PISA指数并不能解释学校成就的差异，对此，许多国家做出了类似的推测：

澳大利亚	7%
丹麦	6%
芬兰	4%
新西兰	4%
西班牙	6%
瑞典	6%
英国	7%
美国	8%

值得注意的是，这些数据并没有告诉我们不同地区的教育系统有多好，而是说明了学生在同一系统中的不同学校里表现是不同的。更重要的是，即使学校对学生平均成绩的影响只有4%—8%，这一差异对学生个人来说也是非常重要的。

更值得注意的一点是，最近针对教师质量的研究表明，学校间差异较小的原因之一是好教师在系统中的分布相当随机，而且准确地定位好教师是相当困难的。如果学校可以支持自己的教师进步，那这个学校就有机会提高自己的效能。

除了针对学校相对效能的数据外，国际学生评估项目（PISA）和其他项目，例如数学与科学趋势研究（TIMSS）、国际阅读进步研究（PIRLS），都提供了大量的关于影响学校表现的背景因素信息。有了这些揭示学校效能影响因素的信息，以及教育工作者们改善情况的决心，我们本应看到全球教育成果的显著提高。但我们并没有看到。

显然，要比较国际学生评估项目（PISA）不同周期的结果，我们需要做出大量的假设。到目前为止（从2007年开始）比较7个周期的评估结果，我们得出的大致结论是——尽管我们投入大量的资金和努力，即使在世界上的富裕国家，学生成绩的净提高值仍然很小。

究其原因并不是我们不知道该做什么。正如本书的作者指出的："我们有着有史以来最多的证据去证明，什么是对学生的成就最有帮助的。"但教育是系统性的。如果不能执行被证实有效的方法，那么就算知道了该做什么也是没有用处的。更糟糕的是，只改变系统的一部分，其效果很可能微乎其微，因为这种改变带来的好处很有可能被系统其他部分的后续变化所抵消。

这也就是为什么《可见的教学影响力》代表着教育改革思想的一大进步。不出所料，政策制定者、学校领导者、教师——事实上，我们所有人都会被简单的解决方案吸引。但是，正如H.L.门肯在100多年前所写的那样："我们总会为遇到的问题寻求简单的解决方案它们看似是智慧的、可信的，但其实是错误的。"本文的作者直接面对了学校变革不可避免的复杂性，而不是假装学校变革是简单的。作者借助了大量的资源——已执行过的方法、专业知识、对过往研究的系统回顾，以及与教师、学校管理者、领导者合作了数十年的实践经验，提出了5D模型。

作者们也承认，《可见的教学影响力》这本书中阐释的，包含5个阶段和18个关键过程的5D模型是复杂的，且执行起来可能具有挑战性，但这种复杂性恰恰说明了其真实性。毕竟，如果真的存在简单的解决方法，我们早该找到了。

这项工作并不容易，正如西摩·萨拉森指出的，进行变革的决定往往伴随着对未来的乐观看法和玫瑰色的滤镜，这短暂地模糊了未来可预见的动荡。但这种动荡是无法避免的，变革没有终点，这是一个连续性的过程，有突破，同时也有阻碍。但毫无疑问，变革是值得的。

现在，你手中的这本书，是我所知的最好的变革指南了。

迪伦·威廉（Dylan Wiliam）

伦敦大学学院教育学院（UCL Institute of Education）

前言

如果你不知道自己要去哪里，你要非常小心，因为你有可能无法抵达目的地。

尤吉·贝拉（Yogi Berra）

教育带你到达远方。

根据汉密尔顿和哈蒂的研究，以及世界银行2018年公布的数据，接受高质量的教育，与延长寿命，获得幸福感和高薪，以及诸多成就之间的关系早已明确，并且鲜有争议。如果没有接受过高质量的教育，就会导致相反的结果。这是一条双向道。

在教育方面，政府投资如此之大是非常了不起的。在世界范围内，有超过8400万教师从事着教学工作。1920年，世界上只有32%的人具备读写能力，而在此后的100年里，该比例已上升至86%。显而易见，这是人类历史上最伟大的成就之一，或许，可以去掉"之一"。也许，这就是最伟大的奇迹。

那么，为什么我们需要这本书呢？

因为我们做得还不够。尽管全球都在教育方面投资，但回报却存在很大差距——在各国之间、在同一国家的不同学校之间，甚至同一所学校不同教室里的教师之间都是如此。在以英语为主的国家，例如美国、英国、加拿大、澳大利亚和新西兰，这些国家在全球学生评价方面取得的成绩只比1970年时稍有进步。情况正在改善，但改善的程度并不明显，财政投入越来越多，加班的教师也越来越多。

解决教育不公的答案通常是进行更多的研究，开发更有效的新项目以缩小差距。但我们要毫不客气地指出：也许正在研究的项目已经足够多了。

根据我们的计算，如果要读完现存所有关于改善教育的出版物，一个人一生中每天需要读完68本书和期刊文章。倘若如此，我们便没有足够的时间将所读的理论付诸实践了，况且研究还在不断增加。在现有依据的基础上，已经有针对改善教育的数千种方案和计划，其中许多都具有很强的实证影响。这些方案确实很出色。

因此，我们认为循证的时代已经（基本上）结束了。现在是**系统地执行现有证据的时代**。或者说，我们真正需要的是良好的执行过程。我们需要的过程，是能够使教育系统、学校、教学团队及教师发现他们最迫切的需求，并根据大量现有的有效证据，因地制宜，选择设计适合自己的高效教学方法，系统地执行教学方法，最后进行评价，以维持和扩大积极的教学影响。

现有关于有效执行的研究大部分来自教育之外的领域，其在工业领域的研究可以追溯至100多年前弗雷德里克·温斯洛·泰勒、亨利·甘特和詹姆斯·麦肯锡所做的工作。他们的研究大部分是科学的，"科学的"并不是指列出复杂的公式，而是指思考方式（逐步、交叉验证每一个阶段的数据）是科学的。虽然越来越多的证据表明，执行的方法（即：是否有方法，方法是否有效，方法是否被正确地使用）是预测计划改进能否成功的关键。

第一本关于教学执行力的书籍直到2012年才上架。此后又有许多作品问世，这些作品可以大致分为两种类型：

- **类型一**：文本畅谈有关教学的学术理论，但对教育系统、学校、教学团队及教师的实际应用价值有限。倘若你尚未开发出自己的教学流程及工具，将这些学术理论付诸实践具有较大的挑战性。

- **类型二**：实用的工具书，书中介绍了许多有关教学执行力的方法和工具，但你仍需要寻求作者及他们的团队额外的支持，或结合另一体系的知识才能很好地应用书中介绍的方法和工具。

基于已有研究，我们认为缺少一个实用的（但严格的）、逐步递进的智慧执行模型，将亟待解决的问题、有效措施、工具及其影响、系统的评价等包含其中。所以，我们想，为什么不写本书呢？于是我们写出来了，它就是你手中的这本书。本书包含以下内容：

- **流程及实用工具**：四位作者和各自的团队与教育系统、学校、教学团队及教师在设计、执行、评估工作中已应用的流程及实用工具。

- **汇总有关执行科学的文献**：回顾50种执行方法及其应用工具、现有的系统评价，以及有关执行的成功因素的元分析。

我们认为，如果你在学校教育系统、学区（监督区域内学校的机构）、学校或类似学校的机构工作，并寻求大规模可持续的改进，你会发现，书中阐释的5个环节非常实用。如果你是教学团队或专业学习团体的成员，你也会收获许多启发。

我们非常重视你在做下一步的决定之前，设置"最优停止"（Optimal Stopping）时间。你需要在深度教学这个框架内认真思考5个环节的问题——回答这些问题，需要的远非预感、直觉或本能。你需要查找和利用数据，并且要客观地寻找反方数据，不要为了迎合自己的选择而倾向挑选所谓的事实。我们对此非常严格。

继续阅读下去，你会发现，应用本书提出的5D模型你需要经历18个独立的步骤。你可以根据自己的情况，灵活安排执行每个步骤的时间。一个区级团队可能会花几周的时间来研究和探索其中的一两个步骤，而校级团队可能推进得更快些，例如一个快速的头脑风暴会议，如果每个人都能带着自己掌握数据参与进来。随着新信息的出现，你可能会在不同的步骤之间犹豫，再重新考虑先前的决定。这些都在意料之中，也完全正常，我们经常会这样做。

虽然有这种灵活性，但与我们合作的学校教育系统、学区和学校经常说："这种持续性的工作真的很困难。"确实如此。**完成这些工作需要极大的决心和自律进行系统地思考和行动，而非仅依靠基于直觉、预感的实践方式。**有效执行并不简单，系统地思考是其中重要的部分，但有时也会造成认知疲劳。因此我们认为，在学校和学校的教育系统中，也许缺失了一个角色：执行顾问或执行专家。执行顾问或执行专家的唯一工作（或主要工作）就是支撑他们的同事进行脑力劳动，并且他们自身也需要在执行过程中接受专业的训练。因此你可能会觉得这个职位兼顾了教育战略顾问、课程项目负责人，以及形成性评价专家的职责。

在我们写作《可见的教学影响力》的过程中，许多人支持并完善了我们的想法。他们是肖恩·霍桑、马力·辛克莱、布莱恩·辛契科克、菲尔·库恩、梅尔·斯洛斯登、海伦·巴特勒、林赛·康纳、珍娜·克劳利、克利斯朵夫·马林斯、奈杰尔·鲍文、杜尔盖什·拉金德拉，以及缇娜·卢卡斯。

约翰·哈蒂博士感谢科温可见的学习（Corwin Visible Learning）团队中所有的顾问和执行者，他还要向澳大利亚教学和学校领导研究所（AITSL）的团队表达感谢，是他们向约翰讲述了将实证转化为行动的意义。

珍妮特·M.克林顿博士感谢她所在的项目评价中心团队，并向墨尔本教育研究院的领导团队做的教育工作表达感谢。

道格拉斯·B.里夫斯博士感谢"创意领导力"的同事们，感谢阿伦·汉密尔顿博士为完成本书所做的工作，感谢约翰·哈蒂博士为全球教育事业做出的卓越贡献。

感谢迪伦·威廉通读我们的书稿，帮助我们完善内容，并为我们作序！我们还要感谢科温出版社（Corwin）的优秀团队，尤其是杰西卡·艾伦、卢卡斯·施莱歇尔、艾米·施罗勒和克里斯蒂娜·韦斯特。

最后，感谢迈克尔·富兰、托马斯·柯斯基、亚伯拉罕·王德斯曼、迈克尔·巴伯爵工、罗素·毕施普、薇薇安·罗宾逊、兰特·普里切特、迪伦·威廉。他们的研究带给我们许多启发。

现在让我们再回到开篇。

尤吉·贝拉是棒球界最伟大的捕手之一，他曾说："如果你不知道自己要去哪里，你要非常小心，因为你有可能无法抵达目的地。"本书的全部意义就是帮助你明确目的地，开拓出可选择的不同道路，系统地检验计划的有效性，再决定你下一步要走的路，将一个或多个计划转化为行动。尽管在这段旅程中你会遇到很多意想不到的困难与挑战，但如果你希望自己的教学能够为孩子带来可见的积极影响，请你读下去。

关于作者

约翰·哈蒂博士

Dr. John Hattie

墨尔本大学教育研究院名誉教授、墨尔本教育研究所主任、澳大利亚研究理事会学习科学研究中心副主任。著有"可见的学习"系列图书。

阿伦·汉密尔顿博士

Dr. Arran Hamilton

认知教育集团教育总监。曾在剑桥大学出版社和考评部、英国教育发展基金会、英国文化教育协会担任高级职务，并在华威大学担任研究员。他的主要研究方向是将教育实证转化为规模化的教育影响。同时，他还负责国际教育项目的设计、实施与评价工作。

道格拉斯·B. 里夫斯博士

Dr. Douglas B. Reeves

著有40余本有关领导力和教育的书籍，并发表了100余篇相关文章。他曾两次入选哈佛大学杰出作家系列，并凭借其对教育的贡献获得布洛克国际教育大奖（Brock International Laureate）。

珍妮特·M. 克林顿博士

Dr. Janet M. Clinton

墨尔本教育研究生院副院长、教师与教学效能研究中心主任。

插图列表

Introduction | 导 读

世界各地的科学家们正在努力解决各种各样令人费解的难题。有些科学家试图将《星际迷航》中的"曲速引擎"这一概念从幻想变成现实；有些科学家则试图解开意识之谜；还有些科学家想要知道，在原子之下，是否还有几乎看不见的、另一种层级的振动弦。**这些研究人员大多在黑暗中摸索着前进——发展新的假设，创造新的工具，进行新的研究，以微小的进展推动人类知识的进步。**很多时候，他们的探索会走错方向，在他们走进蜿蜒曲折的死胡同之后，又不得不立刻折返。一旦有了突破性的发现，随之而来的便是更大的挑战：说服那些不相信的人，并找到实际的应用，再大规模地推广创新。

相比之下，我们所做的要容易得多。我们在教育方面的"实验"已经进行了很长时间。在18世纪60年代的普鲁士便已有"试点研究"，从那时开始，一种全球教育模式便历经考验和更新迭代，并在全球推广。关于最有效的方法的数据也以指数速度增长。据我们统计，目前有超过150万篇（部）关于如何教学、如何学习、如何管理学校，以及如何提高学生成绩的研究文章和著作。

与其他科学家们改进（理论上的）曲速引擎和粒子物理模型相比，可以说我们的教育事业建立在更为坚实的基础之上。在几十年的认知心理学实验室研究中，我们对记忆、注意力、遗忘、动机、迁移、习惯形成和儿童发展阶段有了较深的了解。我们还有一座像珠穆朗玛峰一样的研究高山需要攀登——评价基于这些认知心理学原则的学校项目。这些项目本身就是一个可供我们结合自己的教学环境进行选择、执行的丰富的工具集。

事实上，至20世纪70年代初，经过200多年的反复试验，我们关于何为最有效的教学方法已经有了很好的了解，这些方法已被编入教师培训和资格认定标准、课程和学校管理系统。自1970年各国开始国际学生能力评估计划(即国际学生评估项目（PISA）、国际数学和科学研究趋势（TIMSS）、国际阅读素养研究进展（PIRLS）的前身），我们期待，统合调配所有经过试验和测试的工具，学生在这些国际评估中的成绩将会不断提高。

实事求是地看，当达到最低门槛（即仅达到及格水平）的学生占比提高时，国家的教育水平会有明显的改善。在以英语为主的国家，现在平均有93%的学习者达到了这个水平。然而，这种差距的缩小大多发生在2000年之前，在过去20年左右的时间里并没有明显的进步。如图表0.1所示。

然而，在高标准（即学生在考试中获得"A"等级）的学生比例方面，情况就那么不乐观了。如图表0.2所示，在过去的45年里，澳大利亚和加拿大学生达到高标准的比例仅小幅上升了几个百分点，新西兰则（稍）有下

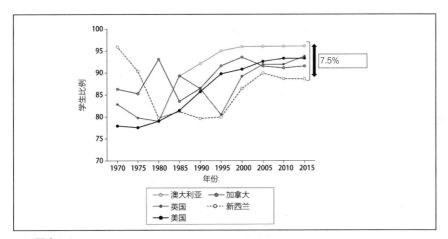

图表0.1
1970—2015年，学生在国际评估中达到最低标准的比例变化图

来源：阿尔蒂诺等人（2018）。该数据集汇集了1970年至2015年期间168个国家在国际学生评估中的学生成绩数据。对各个学科领域（即科学、阅读、数学）和不同水平（小学和中学教育）的测试数据进行了汇总。

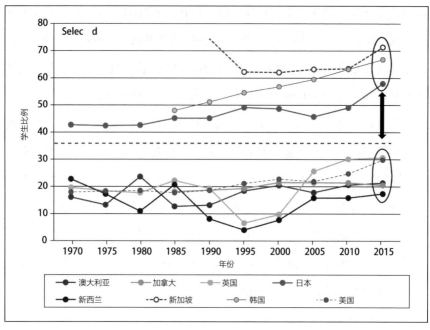

图表0.2

1970—2015年，学生在国际评估中达到高标准的比例变化图

来源：阿尔蒂诺等人（2018）。该数据集汇集了1970年至2015年期间168个国家在国际学生评估中的学生成绩数据。对各个学科领域（即科学、阅读、数学）和不同水平（小学和中学教育）的测试数据进行了汇总。

降。美国和英国做得更好，尽管呈蛇梯式增长，但仍有近30%的学生达到高标准。但这仍没有达到新加坡、韩国或日本水平的一半。注意，在阅读这个数据集和我们的分析时，在"警告"框中已经强调了注意事项。

从这张图表中我们仍可以看到，新加坡、日本和韩国学生达到高标准的比例处在较高水平。这告诉我们，从理论上讲，美国、英国、加拿大、澳大利亚和新西兰的大多数儿童，实际上是世界各地的儿童，也都有可能达到最高水平。

注意事项

1. 我们假设，这些国际评估能给我们提供一些有用和有效的标准，即关于每个教育体系内的教学质量（并非每个人都同意）。

2. 为了比较各国在一段时间内的单一指标，学生在不同类型的测试中，不同学科领域和不同年龄段的分数被混合并取平均值。因此，我们应当将这张图表看成大致的概述，而不是对每个国家教育体系水平特别精确的描述。

3. 这张图表内数据的覆盖范围仅到2015年。但我们对最近的国际学生评估项目（PISA），国际数学和科学研究趋势（TIMSS），以及国际阅读素养研究进展（PIRLS）数据进行了单独分析，但（遗憾的是）并没有出现突然的根本性改善。

4. 尽管东亚国家与以英语为主的国家在教学表现上存在重大差异，但我们不能确定是教育质量，还是国家文化、家庭因素、盛行的私人辅导等因素影响了这些差异。

关于高影响力策略的研究也不少，这些策略能使儿童达到上述最高水平。可视化的学习数据库展示了大量的方法，如果实施得当，可以显著提高学生的成绩。其中一些方法的效应值（effect size）达到1.0，还有一些持续达到或超过d=0.60[1]的效应值。说明这些策略是很有效的。更为重要的

---

[1] 效应值（effect size）：在比较平均数的情况下，效应值常指实验结束后，实验组与控制组之间"标准化后的平均差异程度"，效应值的绝对值越大表示效应越强，意味着现象越明显。依照惯例，效应值d=0.2等级为较小，效应值d=0.5等级为中等，效应值d=0.8等级为较大。——编者注

是，大多数研究都是在以英语为主的国家（主要是美国、英国、加拿大和澳大利亚）开展的，研究也都是用英语写的。因此，我们更容易看到这些研究成果与以英语为主的国家的教育水平直接相关。

因此，在我们看来，在全球研究中孕育出的经验智慧，与之后将这些如珍珠一般的宝贵经验转化为学校和课堂的大规模实际行动之间，似乎存在着巨大的差距。难道是我们的执行存在问题吗？

关于执行的问题，我们并不仅仅指贯彻一个基于证据的项目，并将其坚持到底的挑战，当然，这必然是其中重要的一部分。此外，还有一整套前期和后续的步骤，包括发现或识别出合适的，准备应对的教育难题，设计或适应对恰当的已知问题的干预措施，将设计付诸实践。再通过先前的行动链，第一，监测你是否做了计划要做的事情。第二，评价实践是否产生了足够的影响。第三，反复加强、维持，将可能成功的经验与成果扩展到其他学校。执行的每道程序比执行这个行为本身重要得多。

我们并不孤单

我们应当鼓起勇气，全球范围的实证与地方实际影响难题之间存在的矛盾，并非只存在于教育领域。我们在医疗行业的同仁们也面临着同样的挑战。据统计，广泛采用新的医学理论平均需要17年，在这一过程中亦有相当大的损耗。在实践应用后，卫生保健行业经常跳过那些已被接受的条例，为了更好地适应个人诊所或医院的本土化需求，关键的步骤完全被忽略了。

以静脉注射为例，静脉注射是用药和输液常见的医疗程序。医学科学已经告诉我们插入、监测和管理是最好的程序。但每年仍有超过25万人通过血液感染，就是因为静脉注射这一步骤没有按要求操作，有些步骤被忽略了。这种"适应"使疗效大打折扣，细菌乘机潜入。因而，本土化（字面上）也可以是一个杀手。

医疗设计人员面临的一些常见的执行阻碍包括下面列出的关键9条。你可能想跳过这些，重新开始教育的话题，但现在，这关键9条值得你投入精力思考片刻。稍后你就会知道原因。

医疗科研人员日益关注执行问题上的差距，为此他们建立了一个全新的子领域，称为应用科学。其目的就是在医院和诊所有效推广高效的方法，这些医院和诊所往往在不同且分散的管理体制下运作，在不同的当地社区人口统计和卫生保健方面有不同的需求，在组织资源、技能水平、兴趣、

医疗行业执行中会遇到的9个关键阻碍

1 . 传播（市场化）： 要让卫生保健从业人员关注医学研究成果，并要让他们理解为什么关注，以及这些成果与他们的工作之间有何联系。

2. 吸纳（求知）： 激励临床医生克服机会成本，采用新方法，而非维持现状。

3. 产品化（专业代码）： 将研究成果转化为一套标准化的且易于遵循的规章制度，以便医院、诊所和卫生保健从业者在不同的当地环境中使用。

4. 需求（适应环境）： 新的规章制度与地方卫生保健的目标或问题相匹配。

5. 信念（职业信条）： 卫生保健专业人员可能会把他们所做的看作一门科学知识的艺术或工艺，而并非只是一套像机器人一样的，需要严格遵守的基于规则的规章制度。

6. 培训（职业学习与进步）： 需要通过研讨会、辅导、在职培训等以支持临床医生有效实施新的基于验证的规章制度。

7. 维护与忠诚（坚韧）： 随着时间的推移，临床医生可能会跳过某些步骤，混合使用他们以前做事情的方式，或完全按他们从前的做法来实践。

8. 扩展（推水上山）： 当诊疗设计师与一家医院密切合作时，他们可以支持卫生保健专业人员有效地实施。但是，当新的治疗方法在数百家医院实施时，他们便无法提供相同水平的支持，从而导致我们不愿看到的"适应"和倒退逐渐蔓延。

9.去执行化（一天中没有36个小时）： 为了执行新标准，医疗从业者需要腾出时间来解决上述所有问题，并坚持下去。这一过程需要对已认同的价值做减法，毫不犹豫地舍弃未经验证的价值，为新的价值认同腾出空间。

意愿，以及应用能力等方面存在差异。现在，大多数可用的最佳研究和工具都来自应用科学。

然而，以上所述与教育有何关系？

答案简单明了：关系密切。

在继续阅读之前，我们一起回顾上述9个关键阻碍，但这次希望你在头脑中换掉一些词。

需要找的词	用下列词语替换
卫生保健医生	教育从业者
临床医生	教师
医院	学区
诊所	学校
医疗场所	教育场所
诊疗设计师	教学项目设计师

如果这个表格对你来说太长，记起来太困难，还有个更简单的规则：把任何与医疗有关的词都换成相近的、教育相关的词语。

这样你感觉怎么样？

你会发现并且认同，在应用方面，教育行业正面临着与医疗行业完全相同的挑战。因此，我们需要建立教育领域的应用科学。这就是我们构建5D可见的教学影响力模型的原因。

何为5D

5D是构建可见的教学影响力的应用模型，供学校和教育系统使用，先**发现**（Discover）值得追求的目标及值得解决的问题，然后**设计**（Design）工具和能够完成目标的流程。设计工作完成后，下一步要**执行**（Deliver），要将设计带入生活。接下来进行**复盘**（Double-Back），也就是回溯你的步骤，监测进展并评价影响。最后，再**升级**（Double-Up），在复盘中学习重复，维持和扩展。你可能已经注意到，所有加粗显示的单词都以字母"D"开头，一共有5个：因此是5D。

那何为"构建可见的影响力"呢?"构建"意味着精心的设计。例如,一般情况下,房屋建筑商不会带着挖掘机到工地上,边挖边补。而是先提出一个符合土地轮廓、精心设计的规划,符合分区规定,确保完工的结构既适应环境也满足用途。

当然,如果你看过像《喜欢它》《让它上市》或《伟大的设计》这样的电视节目,你就会注意到,在建设开始时,常会发生意料之外的事件,需要建筑师和建造者进行调整和更新,重新设计。有时行业内标准的做法并不适合某个特定的环境,而一些重要的东西却被意外地忽略了,有时是赞助商改变了主意:临时想要一个地下游泳池。因此,"构建"这个词意味着,在开始执行之前,得有一个深思熟虑的设计,以回应发现的需求。但是,在执行设计时,还需要系统地对变化的环境做出回应。

"影响力",对企业来说就是一个明确的目标。这个目标比要完成的计划和任务清单上所有的项目都要广泛得多。相反,当你正在着手一项任务、一场改革、一份引人注目的事业、一项崇高的使命时,你头脑里唯一的想法就是目标,没有实现目标便不罢休。你正在进行的设计是实现目标的手段。如果你的设计没有完成这个目标,你便会毫不犹豫地将整座大厦拆掉,再重新开始。你总是被目标所激励,不拘泥于方式方法。

"可见的"表示这是一项正在进行的工作。这是一个正在进行的建设项目,从某种意义上说,可能需要一直进行下去。当然,一旦你有了主要的防水结构和功能,努力的强度便会降低,但总有持续进行的维护维修工作,借此,你努力的成绩能一直保持下去,不会让你辛勤耕耘的辉煌化为乌有。

"可见的教学影响力"为谁而准备？

如果你想要在学校系统、学区、全校范围或学校内部实现大规模的改进，你会发现这本书中的方法非常有用。你可以使用这些过程、工具和方法为构建系统的影响力建立起骨干组织。

如果你是专业学习团队的一员，希望通过共同努力追求共享的学习和执行计划，这里也有很多适合你的内容。你并不需要完整地遵循每一个环节，只需从中找到方法与思考方式，实现你自己的目标。

如何构建可见的教学影响力？

为了构建可见的教学影响力，我们进行了如下步骤：

1. 分析了50种不同的执行方法和流程，涉及教育、企业管理、战略咨询、医疗保健、制造、建筑、国际开发、软件工程和人力资源。最终我们确定了100多个子过程和工具。整体概述参见附录1、附录2。

2. 在50种方法中确定了5个阶段的执行过程。参见附录3。

3. 借鉴现有的统合分析和应用的系统评价，将流程、子流程和工具减少到更易于管理的水平。参见附录4。

4. 结合我们在50多个国家和地区的教育系统、学区和学校实践应用计划的经验，我们的大团队为10万多名教育工作者提供了支持。为解决棘手的执行问题，我们也引用了已出版的出版物。

我们将这些过程和工具融入在5D框架中。如前文所述，这5个阶段的首字母都是"D"，简称5D：

- **D1**：发现（Discover）——明确值得追求的教育挑战或目标。

- **D2**：设计（Design）——对设计空间中的不同选项进行系统的检查，选择、设计高概率的干预措施，在执行前进行压力测试，并制订监控与评价计划。同时，确定最优停止的时间，为构建影响力留出空间。

- **D3**：执行（Deliver）——将确定的设计付诸实践，收集用于监控与评价的数据。

- **D4**：复盘（Double-Back）——监测评价实践过程，决定下一步的去向。此步骤可能会让你回到D1和D2或前进到D5，也可能让你在此停下脚步。

- **D5**：升级（Double-Up）——从可持续度和可扩展度两方面进行考量，维护并增强教学影响力。

在阅读图表0.3和图表0.4时，你会注意到复盘明确地融入所有其他阶段。这是因为，首先在D1、D2和D3阶段中要为评价工作打下基础，以确保在D4阶段能正确地进行评价。如果错过了这些步骤，评价工作就不能正确地开展，就不能系统地执行5D模型，更主要的是，你的主动性很可能会消失（很可怕）！但是复盘并不仅仅是在执行开始后才开始进行，每个阶段都需要进行内在复盘，这样你就可以在确认目标、设计的合理性之前，就预先对（假设）流程中所有关键环节进行评价检测或压力测试。

当你在5D流程中循环往复时，你会面临关键的挑战之一，就是数学家所说的最优停止时间。换句话说，就是指在你开始做某件事之前，你要花多长时间来搜索、收集数据及审查选项。数学家们认为，用于搜索和探索的最佳时间比例是37%，这样就留下63%的时间用于执行、评价及其他方面的工作。如果要大规模、高成本、跨多个学校来执行一项计划，那么这

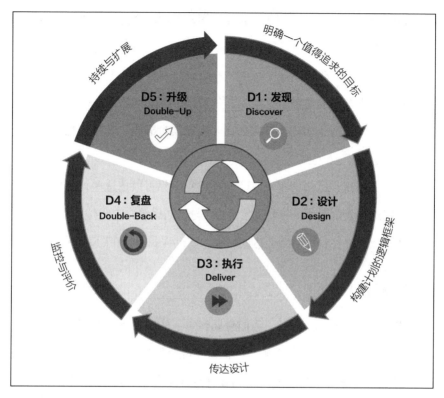

图表0.3
5D教学影响力示意图

样的时间比例对我们来说似乎是正确的。但是，如果要在一个学校或专业学习社区工作，那么速度可以加快些。否则，你会发现，一个学期或学年过去了，你还处在搜索和探索阶段，没有开展任何工作。

重申一下，复盘，即评价性检查，明确地嵌入了整个5D模型。这样做方便应对执行工作中各步骤缺乏定期评价与检测的情况。我们绝不会带着挖掘机和水泥搅拌机出现，然后边做边混合。我们在一切流程开始之前就做好设计，然后根据实践的反馈进行调整以扩大我们的影响力。

在图表0.5中，我们会提供一张流程图，展示出执行5D模型时的步骤和活动。从图表底部开始，一直往上再回到底部。流程图还清晰地展示了复盘评价性检查的活动。

然而，将复盘的清晰含义融入其他阶段，表面上看起来是按照高度线性的执行模型进行，实际上并非如此。在现实世界中，实际情况可能类似于图表0.6。

思考，测试，试验，再重复。循环往复。你可以把这些评价性过程想象成不断地在发散思维（即创造性思维）与趋同思维（即批判性思维）之间来回切换，最终在目标问题上达成一致。该过程我们会在图表0.7中展示。

这太难了

当我们分享这些步骤时，我们常见到的一种反应是："遵循这个过程太难了。我们需要更简单的过程。"我们需要说明的是，整个过程执行起来确实很困难。这就是如此多的学校和教育系统进行改进却最终失败的原因。的确，你可以改变你在执行这些过程时所花的时间：或缓慢思考，深入挖掘，并在执行前仔细分析每个微观参数；或快速思考，在头脑风暴时花几小时研究每一个步骤，然后进入迅速执行和复盘阶段。这就再次涉及最优停止的问题。据此，我们给出的指导意见是，花费多长的时间取决于你想要完成的事情的规模。目标越大、人数越多，过程中可逆转的难度就越大，你就越有可能从缓慢的思考中获益。

如果教育工作者都认真思考书中概述的因果推理、实证交叉检查和评价性问题，会有很大收获。我们认为在学校和学区的层面上可能缺少一个角色——执行顾问甚至是应用科学家，他们知道工具，知道在哪里可以找

D1 发现 🔍	D2 设计 ✏️	D3 执行 ⬆️	D4 复盘 ⟳	D5 升级 ↗
明确一个值得追求的目标	构建计划的逻辑框架	传达设计	监控与评价	持续与扩展
◎ 1.1 搭建骨干组织	◎ 2.1 探索设计空间中的选项	◎ 3.1 确定执行方法和计划	◎ 4.1 监控评价	◎ 5 1 可持续度的考量
◎ 1.2 确定教育挑战	◎ 2.2 建立计划逻辑模型	◎ 3.2 执行计划	◎ 4.2 监控执行	◎ 5.2 可扩展度的考量
◎ 1.3 阐释教育挑战	◎ 2.3 对逻辑模型进行压力测试	◎ 3.3 收集监控与评价数据	◎ 4.3 评价执行过程	
◎ 1.4 将目标可视化	◎ 2.4 设置最优停止时间		◎ 4.4 反思评价	
	◎ 2.5 建立项目监控与评价计划			

图表0.4

5D教学影响力的分解步骤

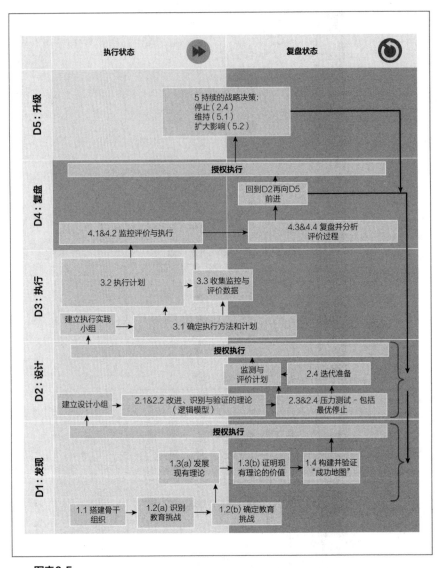

图表0.5
5D教学影响力流程示意图

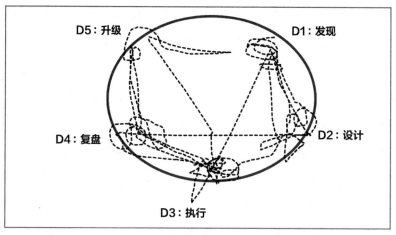

图表0.6
迭代执行

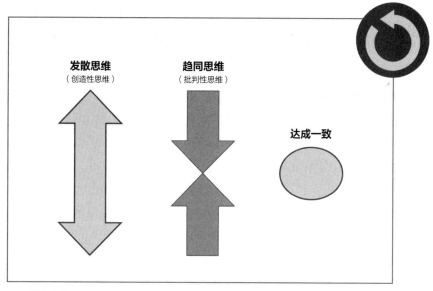

图表0.7
复盘时的思维框架

到外部数据来源，还要知道如何系统地评价影响力。学校领导者是不固定的，而执行顾问能够使流程持续地执行。而且在理想的状态下，执行顾问是可互换的，因为他们使用通用的工具语言和程序。

我们知道执行顾问的工作是重要的，一系列研究已经明确了执行的意义。图表0.8中已经列出关键数据，详细表格请参见附录4。

当然，没有执行顾问不意味着你有借口不作为。你需要自己采取行动，借助这些工具持续地思考、行动，系统并科学地执行每一个阶段的步骤。

最后，简要介绍一下这本书的结构。下面的每一章都是对构建可见的教学影响力不同阶段的介绍。每个章节都以介绍背景信息开始，再按照图表0.4中的步骤进行阐释。执行是一个极其复杂的话题，但是我们尽量保持简明的语言风格，并在本书中为大家提供了一些实用的工具，你可以直接在阅读文章时应用这些工具。结论部分总结了关键信息。我们（还为高手）准备了4篇附录，分类呈现我们在全球应用研究中的关键成果及资源。我们希望你能借助它们来构建你自己的可见的教学影响力。

看完导读，是时候开启发现（D1）的旅程了！

研究	描述与结果
丹尼尔斯等人（2021）	• 回顾了关于工作场所健康和福利计划应用的74项研究，确定了以下关键的实施变量：计划持续性、学习/评价和有效治理。
德龙等人（2005）	• 其研究结论是，强健执行并具有监测过程的项目，其产生的影响效应平均高出2倍，有时甚至高出12倍。
迪布瓦等人（2002）	• 回顾了59个指导研究，发现监测执行水平这一步骤对影响效应的大小产生显著影响（0.18 vs. 0.06）。
米其力等人（2018）	• 审核了104项设计思维研究方法成功应用案例的典型特征，其中包括溯因推理，设计导向的工具，跨学科合作，对设计过程中的模糊性持积极态度。
史密斯等人（2004）	• 审核了14个全校反欺凌项目。尽管他们发现没有一个程序是非常有效的，但他们发现设置严格监控执行的程序可以产生2倍的效果。
托布勒（1986）	• 审核了143项青少年药物预防干预措施的相关研究，结果发现执行良好的项目比执行较差的项目产生的效应量多0.36。
威尔逊等人（2003）	• 审核了221个项目，其中涉及5.6万名参与者，研究重点是减少学校内的攻击行为。得出的结论是，执行过程是影响结果最重要的变量。

图表0.8
回顾相关研究

第一章

D1

Discover | 发现

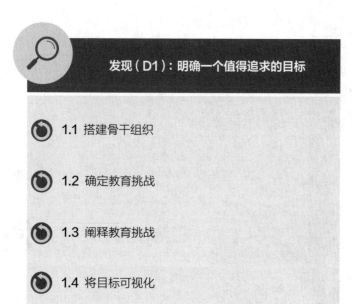

发现（D1）：明确一个值得追求的目标

1.1 搭建骨干组织

1.2 确定教育挑战

1.3 阐释教育挑战

1.4 将目标可视化

摘要

人类历史的成就辉煌灿烂。这些成就包括金字塔、巨石阵和中国长城，还有一些现代时期创造的壮举，如开凿巴拿马运河，送宇航员上月球（富有争议）的曼哈顿计划，开始利用核裂变反应来研制原子弹。我们已经精通实现复杂的目标。

所有这些伟大的成就都不是凭空想象而成的。每个成就都源于一个明确的目标或挑战。每个成就的实现都调动了当时可用的集体智慧、能力与技术。通过征集大量民众，经过漫长的，有时甚至是长达几个世纪的努力，目标才得以实现。这些成就都聚焦于唯一的目标，都不是一蹴而就的。事实上，通往成功的道路上常常布满了失败的荆棘，反复失败之后，辉煌（最终）在废墟中浮现。

以1969年登月为例。如果这个目标只是一时兴起，如果没有像美国国家航空航天局（NASA）这样的骨干组织来推动学习，并执行目标，如果这个目标缺乏技术支持（在火箭发明之前，登月目标难以实现），又或者，如果在骨干组织中它只是众多竞争事项之一，并未处在优先位置，人类便不会实现登月的目标。想象一下，如果美国国家航空航天局在探索人类登月的同时，还要负责治疗癌症、发明互联网和制造飞行汽车，会发生什么？结果可能什么都不会发生。美国国家航空航天局在20世纪60年代登月的成功得益于其目标明确，即美国国家航空航天局公开宣布，在60年代结束前完成宇航员登陆月球（并往返）的计划。美国国家航空航天局目标既清晰而唯一，可以说，登月计划的成功和目标设定大有关系。

我们可以从人类伟大的成就中学到的明确经验如下所述：

1. 有一个广泛认同的目标。

2. 推动目标向深度扩展，不要有过于宽泛的野心（即深耕一个梦想，不要广泛撒网）。

3. 搭建骨干组织，将目标变为现实。

4. 成功并不是轻而易举的，实现成功的方式可能并不会按预期发展。

5. 需要有严格的执行程序。

如果你正在读这些文字，很有可能你已经有直觉或预感，暗示你的学校或学区需要改革。大多数改革计划都始于直觉。毕竟，只有你已经认为有改善现状的必要，否则，为什么要改革呢？在开始行动之前，你需要明确自己选择了正确的、最优先的事：

• 你要确定需改进的领域的重要性，或者你可以花时间做别的事，甚至包括什么都不做。

- 这件事实际可以改变什么。

- 你没有不自量力。

换句话说，你需要明确，你确定的目标的确有优先性，也就是说，你有资源和专业能力对目标进行有意义的提升，也没有同时追求太多东西（即最终一无所获）。这就是D1阶段要做的事情：你要搭建骨干组织（1.1），确定并阐释教育挑战目标（1.2、1.3），对优化教育目标达成一致（1.4）。

1.1 搭建骨干组织

一旦有了想要完成某件事的想法，便需要建立一个骨干组织，根据实际情况确认合适的目标，我们称之为教育挑战目标。这有点像鸡和蛋之间的关系。一方面，如果你不是很清楚其用处，就不太可能建立起正式的组织。但另一方面，如果建立了组织后，直接就开始实施执行计划、开展项目和活动——那该怎么确定你把时间花在了有价值的教育挑战上呢？更为令人惶恐的，就是执行了不会产生任何有意义的、考虑不完整的计划。

骨干组织团队经常是暂时性的组织。其存在的目的就是：第一，帮助寻找合适的、内容完整的、具有挑战性的目标；第二，设计实现目标的措施；第三，执行、评价，重复、维持、扩大影响，或者停止运行。团队运作的整个流程就像是你身体内自主运行的中枢神经系统。

你需要你的骨干团队包含的核心角色：

1. 赞助者。赞助人或赞助团体是项目的最终所有者和代言人。他们是组织中相当资深的利益相关者（例如，学校领导团队、学区或教育系统的领导），拥有授权调查的权力、通过预算开展调查的权力、建立骨干团队的权力、与组织其他部分沟通的权力。通过与组织各部分沟通，告知其工作的重要性，让各部门认真对待，提高参与度。他们还应定期与骨干团队会面，检查进展情况，给予大家鼓励，更新集体思维模式，并就如何在更广泛的系统或学校中最好地运用影响力、权威和专业知识保持集体动力的问题上达成一致。

2. 团队领导者。团队领导者负责领导和指导骨干团队，以确定值得付出时间和精力的目标，然后再设计、执行能大概率产生影响的举措。团队可以有一位领导，或者有联合领导。理想的团队领导者兼具分析和敏捷的品质，他们在组织中能够连续工作几年，会有助于完成项目。

3. 调查人员。调查人员与团队领导者合作，开展或推进检索、设计、执行实践和复盘的工作。调查人员是你的骨干组织中的核心人员！他们走进学校和教室，与教师、学生、家长和社区接触，收集数据，验证想法，支持执行过程，并对上述流程进行复盘。

在生物体中，脊柱是至关重要的。在哺乳动物中，脊柱连通人体的所有通道。然而，它们也是更宏大的结构的一部分，这个结构整合其他资源进行思考、移动、抬升和感知。骨干团队也以同样的方式运作——联系并利用组织内外的专业知识来支持思考、移动和提升。其中一些成员会在不同的调查阶段运用不同的专业知识——为骨干组织提供新鲜血液。例如，在可见的教学影响力的发现（D1）和设计（D2）阶段，你需要具备咨询分析和研究技能的团队成员，在设计方面帮助你进行搜索选择。想象一下，这是一套教育管理咨询技能。在执行（D3）阶段，你还需要有项目管理思维的工作人员，他们能帮你把事情落到实处。

如果你将可见的教学影响力作为学校部门内的一个询问过程，或者在教学团队中以更非正式的方式进行，那么就不必太在意骨干组织结构和正式角色的明确概念。

　　然而，如果你在学校、学区或教育系统工作，那么，骨干组织切实存在并且有章程和准许运行的许可（即经营许可），将大大增加团队成员和整个系统认真对待调查的可能。这些章程要对团队的宗旨以及成员的权利和义务做大致的概述。

　　章程包括以下内容：

- 陈述目的

- 任职期限

- 会员资格

- 角色和责任

- 成员要承担的义务

- 会议组织及主持方法

- 决策方法（即投票、达成共识、否决权等）

- 授权（即哪些决定可以直接落地，哪些需要由赞助商同意）

- 可用资源

- 执行章程的程序

　　以上只是概述，并不是模版。我们有意不提供模版，因为要因地制宜。比起让你用一个模版单纯地填补（你所在学校的）空白，根据具体的情况规划章程更合理、有效。

　　你还可以制作一个职责和能力矩阵，方便每个人清楚他们在骨干组织中担任的角色。如果骨干团队的规模还比较小，还不必这样做。但规模越大，就越有可能受到林格尔曼效应（Ringelmann effect）的影响。林格尔曼效应反映了群体规模越大效率越低的趋势。导致这种现象有两个原因，首先是失去动力（即社交懈怠）。你认为其他人会做这些工作，而他们也这么想。其次是各种各样的参与者之间缺乏协调，互相牵绊。法国农学家马克斯·林格尔曼（Maximilien Ringelmann）在1883年做了一个拉绳子的试验。绳子一端是人，另一端是测力器，他找了20个人分别单独自己拉绳子，测出最大力量；然后按人数分组再拉绳子测试力量。结果是，参与拉绳子的人越多，协调程度越低，拉力也越小。

代码	代表	这个人需要负责
R	负责	负责执行任务或创建产品及输出
A	解释	解释任务，并拥有签署权（例如，项目经理、发起人或技术负责人）
S	支持	为负责任务或公文的人提供专业知识、建议和支持
I	告知	告知任务进程或结果，经常由代码为R的人负责

任务	人物1 团队领袖	人物2 调查人员	人物3 调查人员	人物4 赞助商
发展开发方法	R	S	S	A
领导"发现研讨会"	I	R	S	A
列出潜在教育挑战	S	R	S	A
对教育挑战目标做最后选择	S	R	S	A
确定最终的挑战	R	S	S	A
确定对该目标感兴趣的利益相关者	I	S	R	A
从利益相关者处收集意见	I	S	R	A
将发现反馈给利益相关者	R	S	S	A

图表1.1
责任举例和责任归属矩阵

在图表1.1中，我们展示了为骨干团队制定一份职责与能力矩阵的方法。在此介绍一个简易的经验法则：让每个人至少具体地负责一件事。

最后，为了让更大范围的学区了解到骨干组织建立的情况，还需要考虑传达组织目的和布置活动的问题。重点不是赤字理论，或归咎于个人的错误，而是释放深刻而积极的影响力。

骨干组织复盘

建立骨干组织的过程中需要详细地复盘，以下是你需要评价的问题：

1. 如何确定正确的人扮演了正确的角色？

2. 团队是否有能力实施调查，或团队成员是否从外部支持中获益？

3. 是否建立了明确的管理和执行框架？

4. 每个人是否理解他们扮演的角色和应该担起的职责？

5. 成员是否有时间落实他们签署的行为章程？我们如何腾出时间？（提示：请看2.4阶段中的步骤）

6. 我们是否正在构建新的官僚机构，使我们陷入文书和繁忙工作，又或者，我们是否得到了正确的参数，能够产生积极快速的影响力和查询？

7. 我们需要向谁传达骨干组织的宗旨和活动？我们为什么要交流？信息是什么？计划是否到位？如果我们不执行这些计划会发生什么？

8. 在进行到步骤1.2之前，计划中需要什么复盘的行为？对骨干组织的计划，我们是否已经充分了解？

1.2 确定教育挑战

骨干团队就位后，最不该做的事就是急于执行考虑不周的计划，借此满足你可能存在（也可能不存在）的需求。相反，你需要花时间仔细把握环境，确定一个你认为值得的、既协调又可持续的集体行动议程。我们可将此集体行动议程称为教育挑战。这是一个庞大而内容充实的目标，正因如此，你决定要在此目标上耕耘，完成接下来的进程。

开始时你需要牢记三个关键的考虑因素：

• 你的态度（即你是否寻找问题、机会，或你当前对"理想标准"的坚持程度）

• 你的价值观（即你指引调查的道德标准）

• 你的方法论（即你收集和使用数据的时间和方式）

你的态度

在开始阶段，你可以采取以下三个研究方法：

1. 问题导向的调查。该方法支持你仔细地寻找破损的、需要修补或升级的因素。例如："我们学校是学区里表现最差的学校"，"影响我们所有班级和学生质量的变量太多"。

2. 机会导向的调查。该方法要求你对在当前环境中已经完成的好事情持欣赏的态度，同时寻找下一个要完成的重要目标，并使这个目标更伟大。例如："我们取得了优秀的学习成绩，但如果我们引入一种'有趣'的学习风气，我们可能会进一步提高学生的参与度和成果"，或"我们的大多数学生都能按时上学，这很好，但或许我们还可以提高他们的成绩水平"。

3. 标准导向的调查。包括使用明确的衡量成功的标准，如教学标准、领导能力和学生成绩水平等，这些都是为发展系统而开发的标准。例如："通过课堂观察，看出教师们并没有使用州统一规定的、高影响力的教学策略"，"我们孩子计算的平均水平超过了州规定的学习标准"。

当中国不同朝代修建长城时，他们是为了解决一个主要问题，即北方的游牧民族南下侵扰的问题。金字塔也是如此。根据某些说法，金字塔要解决的问题是死亡，对死亡的解决方法是造一个"复活机器"，它可以神奇地将法老带到精神世界。当然，这引发了更广泛的问题，即该问题是否真的可以解决；如果可以，那么提出的解决方案是否是最好的。这就是为什么执行之前需要对想法、信念和假设进行检验，这是构建可见的教学影响力的核心。

相比之下，美国国家航空航天局的登月之旅可以说是机会驱动的。在月球上行走并没有直接解决什么具体问题。这只是人类智慧的一次杰出应用。在此过程中，2000多项美国国家航空航天局各种衍生技术和机会意外地伴随登月之旅而出现。但一个显而易见的问题是，月球行走的必要性问题，或者说，集中精力解决那个时代的大问题，如高吸烟率、肺癌死亡率、恶性通货膨胀和极度贫困等，是否会更好。如果你决定采用机会驱动的方法，那么你会对实现月球漫步的可能性持超级敏感的态度，要以忽略其他亟待解决的事情或需求作为代价。

相比之下，奥运会跳水运动员从高台跳下时，他们成功与否是根据标准来评判的。选手们能否获得奖牌，并非由他们的跳水速度决定，而是取决于技术能力，裁判组根据技术能力进行打分。针对每一种获得官方认可的跳水动作，高台跳水界都已经为动作制定了全球标准——包括胳膊和腿的位置、扭转的圈数以及入水时的水花情况。根据表现是否符合标准，运动员获得相应的分数。跳水运动员自己也会观看并反复观看比赛的视频，以了解失分点并进行改进。但显而易见的是，这些标准是谁制定的？为什么要认真对待这些标准？标准也只是一种观点，因此，如果你决定受标准驱动进行调查，你还需要研究标准本身。对此，我们对学生成绩标准的价值更有信心，但我们对教学标准、领导标准以及"最佳实践"与学生成绩之间的关系（至少保持好奇）持有更多怀疑的态度。

鉴于以上三种观点的益处和挑战，我们建议混合使用以上三种方法。也就是说，开始可以以机会为导向的立场，这么做是因为，比起自我批评和集体批评，这样更能激励每个人之前取得的成绩，反思和感激他们已经拥有的，而不是进行个人和集体批判。一经建立起积极的态度，就可以开始问题导向的思考了："我们已经做了很多，但有哪些问题是'只要我们解决了，明天就会变得更好的'问题？"同时，你也可以使用标准导向的方法："哪些标准不仅代表某个人的意见，我们如何跟踪它们？"

你的价值观

对我们来说，很重要的价值观包括以下几点：

- 优先考虑**证据**而非看法和观点。
- 有意识地检验我们偏爱的看法和观点。
- 不要为了让事实符合我们神圣的理念而曲解数据。
- 接受我们的错误，即使这意味着承担情感上的痛苦。
- 尊重他人。
- 乐于评价自己的影响力。

- 记住，这一切都是为了增进学生的学习成果。

- 接受这样的事实，即教育的根本意义是改变孩子的生活，为孩子的成长带来更多机遇。教师对此承担着重大的责任。

我们认为这些价值观对你同样适用。上述大多数观点都与启蒙运动的理性和经验主义价值观有关，这些价值观的改变推动人类从占星术、地平说时代进入到现代文明的辉煌之中。当然，也会有其他价值观与你和你所处的本地环境密切相关。

一经认同，这些价值观就成为检验你所有决定的标准。值得你花时间好好梳理，把这些价值观放进章程中，在进行调查时定期对其进行复盘。当骨干组织中有人说"我认为我们应该引入（一个炫目的程序名称），我的朋友在附近学校就是这样做的"时，你便可以做这样的反应："我们都认同证据优先的观点吧？先看看影响力数据吧。"

与不搜索数据几乎一样糟糕的是仅去搜索那些支持假设的证据，而故意不去寻找或不分析与假设不符的数据。这是伪科学，也就是理查德·费曼（1974）所说的"草包族科学"。对此有另外一种表达方式："我认为X是真的，并搜索支持X的研究。我不会找不符合X的东西，如果偶然发现了它，我也肯定不会阅读它。"

你的方法论

你一旦决定了基础研究的方向和审慎的价值观，接下来就要考虑如何研究环境，以确定并验证合适的目标。不容置疑的是，这其中会涉及收集、审查和分析数据。没有数据，完全依靠直觉和本能，我们无法知道选择的教育挑战是否合适，无法确定它们的优先级，甚至无法评估是否在执行的计划上浪费了精力。

研究环境的方法有以下三种：

1. 观点导向的方法（又称演绎法）。

这种方法开始于集体暗示或观点，我们依据已有的集体暗示或观点收集并审查相关的数据，来检验事实情况是否与你的看法相符。例如，"我们认为，我们学校的流动儿童没有得到很好的照顾。是真的吗？"或者"我们想让学习变得更有趣。对孩子来说，学习真的没有乐趣吗？学习真的需要有乐趣吗？'真正的'学习通常是痛苦并且具有挑战性的吗？"

2. 数据导向的方法（又称归纳法）。

这里，把你既有的想法先牢固地锁起来，继而收集分析所有你能得到的数据，并在数据中搜集模式、需求和机会。例如，"数据告诉我们，按标准估计，在过去5年，学生的成绩有所下降。我们是否应该对此表示关心？"或者"数据显示，教师留职率显著上升，我们是否应该对此感到高兴？"

3. 原因导向的方法（又称溯因并行方法）。

这个方法开始于你看到的一些问题、令人惊讶的细节，或一些不容易解释的事件。溯因的方法要求教育者在众多选项中选择"最佳"解释来阐述这个难题。如果它不能令人信服，那就选择下一个"最佳"解释。举例如下：

我注意到，最聪明的学生上课时似乎喜欢神游。对此我的解释是，他们需要上天才班。但试过之后，他们还是一如既往。因此，我向普通课堂的教师们询问这个"挑战"的症结和解决办法。我发现，症结在于这些学生们上的课很多，但他们想要更为深入的挑战，而并不只是浅尝辄止地涉猎许多课程。

在1.2阶段，不必用原因导向方法解释每个潜在教育挑战产生的根本原因。你可能会发现有很多潜在的问题和目标。更有效的做法是先等待，在抉择之后再对排位优先的挑战进行溯因推理。整个1.3阶段都应用溯因方法，这是因为为了改进，我们需要了解我们所建立的基础是什么。

如果你有资源，可以用3种方式开展调查研究。第一种方式是组织一个迷你检索小组，他们从直觉开始检索，寻找确认或不确认的数据。另一个检索小组却要竭尽全力确保他们不受任何直觉的影响，在数据噪音中寻找信号。最后，如果证据对他们不利，则需要创建另一个清单，列出可能的解释以排除相关数据。之后，你可以对比每个小组提出的数据，再观察它们是否是共同日程的矢量。

无论你选择哪种方式，都可以在图表1.2中找到一些你需要调查的数据来源。

很多，一些，唯一

在工作中，我们有幸与数千所学校以及50多个系统级别的机构直接合作，并向他们学习。与我们合作的大多数学校和系统都善于分析自身现状，能给出非常长的潜在目标和问题的清单，还有改进和倡议，但许多人并不太擅长将这些要处理的事项削减到可以实现的程度。他们很努力地要落实，想要解决他们确定下来的教育挑战，但精准选择非常重要。在我们自己学校和系统的改进工作中，我们不断发现一个事实，要优先处理的事项数量越少，结果产生影响的可能性就越高。我们要对极少数的事情充满极大的野心，或者用薇薇安·罗宾逊（Viviane Robinson）在同名著作中的话说：

	国家级/标准化评价	内部评价	课程观察	采访和调查	电子管理信息系统（EMIS）数据
优点	• 可靠、集中；专业设计、评析和审核 • 提供多年对比数据 • 无须再费多余力气去收集	• 灵活性强和当地教学情况相联系 • 适合项目层面的分析（即能够展示学生表现良好或需要额外支持的领域）	• 可直接进入教室观察 • 作为专业探究的一部分也具有发展价值	• 能收集学生、和社区成员的意见和想法 • 能因地制宜	• 在以下主题上贡献更广泛的数据： ○ 学生出勤 ○ 教师留职 ○ 教师生病 ○ 健康和安全 ○ 财务管理 ○ 学生的个性和需求
缺点	• 只在考试年可用 • 经常提供整体性报告（即缺少个别项目和问题层面的数据）	• 与国家级评价标准相比，可靠性较低 • 需要花费额外的时间、精力和金钱进行设计、管理和评价 • 不能提供多年比较性数据	• 难以代表日常课堂的活动 • 观察者"在场"可能会影响教师和学习习惯的表现 • 不同的观察者对学生表现的解释不同	• 需要额外的工作进行设计、管理及阐释 • 利益相关者参与过程中的意愿 • 能对想法和意见进行思考，而非直接看到影响和结果	• 很难把学校的数据与其他学校的数据进行对比，因为这些数据不属于公共范畴
最好的用途	宏观长期的分析	矢量分析特定的队列、班级、课程领域和社区主题	整体掌握某个课堂的教学情况	了解利益相关者的想法、收集意见	了解可能影响课堂教学输入的驱动性因素

图表1.2
数据来源

来源：沙尔普斯等人（2018）。

"减少改变，提高改进。"

回顾基于对2000多个学校的计划分析以及这些学校学生三年成绩的研究，实践计划的最佳数量不超过6个。博思艾伦（Booz Allen）和普华永道（PwC）等一些世界顶级咨询组织也给出了类似的结论。在一项针对1800多家机构的调查中，研究人员发现，大多数机构都表示，机构中提出的计划或提议太多，甚至包括一些自相矛盾的提议。超过80%的机构表示，过多的提议就是在浪费时间。据此调查得出的结论是，最佳的计划数是3到6个。这表明，教育界和其他组织之间存在着已被证明的共识。然而，当我们看到学校和学区的改善计划多达几十个优先事项时，我们感到沮丧，因为又出现了一个忽视重点的例证，而关注重点才能取得成功的例证已经很普遍了。

学校和教育系统的优先改进清单越长，利益相关者完成下列事情的可能性就越小：

- 理解重点都很难，更不要说达成一致；
- 理解各项提议如何落实，如何在重点框架内推动这些提议更好发展；
- 能够抓紧时间在领导或参与这么多任务时取得有意义的进展；
- 能够系统地衡量和反思进步；
- 能够确定下一步的计划。

你的专注点越少，收获越多。这意味着你需要找到一种方法，从一大堆看似值得花时间和精力的教育挑战中进行挑选，列出一个可行的挑战清单，然后再将其浓缩为征得同意的一个优先事项。换句话说，从多到少再到一。我们在图表1.3中对此进行了说明。

如果你觉得只选一个优选事项太有限了，你是正确的，我们有意为之。

这样的话，你就可以集中于一件事，这件事通常会涵盖一切其他的挑战，需要设计、实施几条工作链、计划或程序以处理需要改进的领域的不同方面。尽管最初道格拉斯在他早期的作品中提出6条规则，但现在，我们共同提出1个规则，即1个优选事项最终可能会发展成6个有贡献的提议。所以，最好以1个优选事项开始，1个教育挑战乘6个措施，总比6个教育挑战乘6个措施要现实得多。

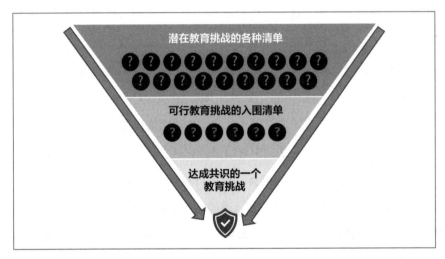

图表1.3
教育挑战的漏斗示意图

对每一个你找到的教育挑战，有时你都可以找到一个不做的理由。你也许会发现问以下问题很有用：

- 如果我们不做任何事，最坏的结果会是什么？
- 发生最坏结果的可能性有多大？
- 最坏的结果发生与否，真的重要吗？

• 我们或任何其他人，为什么会在意这个问题或挑战？

我们完全明白，找理由不去解决燃眉之急，不去实现大胆创新的目标是极其残酷的。但我们的疯狂是有效的。我们是想让你在各种竞争的优选事项中非常谨慎地选择——做最重要的事，并增加最终完成这件事情的可能性。

我们认为，你要不断地进行筛选，直到找到（希望是）少数受益者都极其不愿意丢掉的部分。例如，当问及"若三分之一缺少读写能力的孩子离开学校或学校系统，这是否真的重要"时，大家的反应都是恐惧、愤怒或怀疑的话，那么你可能已经确定了一个足以激起所有受益者情绪的潜在教育挑战，这个挑战能让他们做好准备，愿意做出巨大的改变和牺牲去采取行动。

在图表1.4中，我们分享了一个认定预先设定的优先项目的评价过程。

这种方法的好处之一是，它可以鼓励你从长远的角度考虑，超越考试成绩，去长远地考虑生活的机会。我们可以从马太效应中得知，"强者愈强、弱者愈弱"。如果儿童没有在一年的教学中获得应有的成长，往往会陷入恶性循环，待孩子成年后还可能导致失业、抑郁和药物滥用，更有可能被监禁和更短的寿命。因此，看到这样一个事实很重要：今天的低分不单是一个"1年教学问题"，而是一个复杂的、会影响几十年的问题。这个远见，尽管它很残酷，但你仍然需要优先考虑，以决定哪些教育挑战值得成为你们共同努力的目标。

如果你还在挣扎选择一个教育挑战，那么你可以尝试逐一比较它们，如图表1.5所示。

潜在的教育挑战	它是否真的重要？（即发问"那又怎么样呢"）	如果我们什么都不做，最坏的结果是什么？（即做这件事的证据在何处？证据是否有力？）	我们应该在意吗？（即"这是不是我最重要的教育挑战？"）
我们的教学楼又破又拥挤	在基础设施质量和班级规模、学生出勤和学生成绩之间是否有强烈的关系？	根据可视学习矩阵给出的数据，学习成绩或学生出勤率与学校外表是否光鲜在统计上没有显著差异。缩小班级规模似乎对学生成绩的影响不大，但代价相对较高。	并非现在。但我们需要向社区的利益相关者解释为何不必对此问题过于担心。
很难招到合格的数学和科学教师——76%的教师在他们所教的科目上没有高级资格证书	教师真的需要在教授的课程上获得高级资格证书吗？	具有高级资格证书的数学教师和科学教师的平均效应量d = 0.10，更有效。	不是。此问题可能并没有重要到能保证现在的投资。
13岁孩子中功能性文盲率达到33%	每个人都不是文盲重要吗？非文盲占66%是可以接受的吗？	在我们所处的环境中，文盲的成年人： • 从事低薪工作的可能性增加4倍 • 因犯罪行为被判有罪的可能性增加2.7倍 • 60岁前死亡的可能性增加3倍。	他们感觉很不好。但也许他们会追上？

图表1.4
寻找教育挑战

招聘合格的数学和科学教师的困难	与	13岁孩子中功能性文盲率达到33%

图表1.5
逐一比较

该过程包括你的骨干团队，也可能包括更广泛的受益者，他们聚在一起审查每个相互竞争的优选事项，决定哪个更重要。这个过程是重复进行的，直到每个可能的焦点区域都完成了比较。你也可以通过小组讨论和达成共识的方式来进行比较，或者也可以就每一优选事项进行单独投票，融合集体智慧。

在比较的过程中，常会发生一个有趣的事，受益者经常会表达这样的想法："缺乏足够好的教师可能是这么多孩子读写能力不高的原因吧？"讨论某些可能的挑战是否同时也可能是成因、症状或影响确实很重要——这样既可以决定真正的优选事项，也可以帮助理解某些已确定问题存在的成因。

另一种识别可能存在的教育挑战的方法即"那又怎样"和"拿证据来"，如图表1.6所示。

教育挑战：13岁孩子中功能性文盲率达到33%	
那又怎样1：他们不能阅读。	**证据1**：内部评价数据显示，33%的学生没有达到预期的知识水平。
那又怎样2：他们会被落下得更远。	**证据2**：如果他们不能阅读，就无法有效地加入课程。
那又怎样3：他们很可能会辍学。	**证据3**：我们走访学区进行调查，发现没有达到功能性读写能力标准的孩子辍学的可能性增加了5倍。
那又怎样4：他们不太可能找到好工作。	**证据4**：国家就业数据显示，文盲与高失业率、终生低收入有相关性。
那又怎样5：他们的寿命可能会更短。	**证据5**：相关数据显示，较低的读写能力和共存病较早发病率有关。

图表1.6
"那又怎样"和"拿证据来"

注：版权所有©认知教育（Cognition Education 2022）。

在缩小范围和筛选的过程中，你还需要收集，并对帮助你做决定的证据的质量进行排序。你是否有：

• **高度信心**，你对骨干团队从本地和全球搜集到大量的定量和定性数据很有信心，这些数据都指向同一个方向；

• **中度信心**，与标准还有些差距，团队搜集的数据指向不同的方向；

- **低度信心**，因为这些判断来自口头传播的话题或是直觉。

例如，如果你仔细阅读图表1.6，你会发现"拿证据来"这一板块呈现的质量证据差异很大。许多只是断言或观点，没有基础数据支持。

当缩小范围和筛选接近尾声时，如果你仍不能确定获得多数利益相关者的支持、能够采取集体行动的最优选事项，那么你很可能要考虑解散骨干团队。如果你的目标不够系统化，或者这个目标不能激发大家团结合作、共克时艰，你就很难获得进展，执行目标。

你还要深刻地思考你所选的挑战能否能真正适应变化。例如，如果NASA成立于1860年，它在登月目标上取得的进展就会小得多，而且可能很快就放弃了。因为登月计划要用到的火箭和计算机技术还没有充分发展，还有很长的路要走。

然而，如果你确定下来一个值得的并且可控的挑战，接下来关键的步骤就是定义它，并解释其中偶然的元素。该步骤也被称为建立"关于当下的理论"，因为如果没有恰当地理解现在，就不能改进或推进未来。

1.3 阐释教育挑战

想象一下，你在夜里感受到剧烈的背痛，第二天去看医生。你的医生在没有诊断的情况下就随意选择治疗方案，这是极不可能的。相反，在思考可能的选项之前，他们已经在以下两件关键的事情上接受过训练：

1. 尽可能清楚地理解和定义你的问题或需求。医生可能会问这些问题：背痛的严重程度如何？它对你的日常生活有多大影响？是影响整个背部还是只影响某一部分？具体哪一部分？是否在一天中的特定时间、温度或做特定的活动时会更痛？是肌肉痛还是关节痛？随着时间发展，情况是否越来越严重？以前有过这种情况吗？是家族遗传吗？

2. 对原因做出假设。 疼痛的症状通常不会自己出现。它们经常是一系列原因的最终表现，从身体的其他部位开始，然后经过不同的细胞和器官最终表现为"背痛"。可能是由于关节炎、肾脏感染、不良姿势、怀孕、运动损伤或其他几十种可能导致的背痛。医生可能会让你拍X光片或做影像扫描来了解更多信息。但即便扫描检查发现了关节炎，可能也不限于此。关节炎可能由环境因素导致，例如长时间捡盒子导致的连带损伤、基因原因导致的免疫反应；超重，或者很多很多其他的因素。如果没有合理的病因模型，医生就不能选择正确的治疗方法。

这种医学推理被称为"推导"，是归纳与演绎的第三种。同样的溯因原理也适用于教育的改进。如果我们没有定义目标领域，即教育挑战；如果我们没有建立起溯因模型，那我们就是在盲目前进。可能我们就会像医生随意开肌肉松弛剂一样，但经过更仔细的诊断就会知道，要真想把病治好就需要减肥和改变饮食，甚至手术。

考虑到我们在学校和学校系统中所做的任何改变都会产生机会成本（包括时间、金钱、买入、信誉等），我们要尽力确信我们提出的解决方法、干预措施、项目方案、活动或设计能切实指挥我们的"针"而不是把"针"推到我们目前没有的议程上。这就意味着，我们要像好医生一样采取溯因方法来诊断。

定义教育挑战

以下是你可能觉得值得问的问题：

1. 你对挑战的定义是什么？

2. 我们使用哪些数据来进行定义？

3. 数据是否合理且可靠？

4. 挑战的边界范围是什么？

5. 与挑战最相关的利益相关者的特征是什么？

6. 对不同的利益相关者群体，影响的严重程度如何？

我们称之为**分解结构**，在图表1.7中将演示该过程的结果。

快速阅读图表1.7时，你注意到了什么？花时间思考，再将你的想法和你接下来观察到的内容进行比较。

第一，很明显，这个教育挑战可能被低估了，因为测量工具可能导致出现一些漏网之鱼。同样地，这个挑战也有可能被夸大了，因为学校目前会默认那些没有参加读写能力评价的孩子成绩不及格。以上两个观察的结果都表明，我们需要挖掘更多，可能还需要建立更健全的学生评价和报告机制。

第二，在没有达到标准的学生中，似乎存在一些固有影响模式，影响着男孩和来自较低社会经济地位（SES）背景的孩子，所以我们需要开始建立一个理论来解释原因。这些孩子都是同一个教师教的吗？如果是这样，这可能是这位教师教学的特点。如果他们受教于不同的教师，就可能与校外的因素有关。还有一种可能是，虽然这种教学方法也和其他学习者相关，但其中的有些内容会让这部分孩子进步缓慢。

第三，学生受影响的程度也存在差异：没有达到读写标准的孩子中，有32%实际上只是毫厘之差。他们可能只需要一点额外的支持和指导就可以达标。但对于27%那部分差25分才能达标的学生来说，所需的支持可能就更多了。

教育挑战	
13岁孩子中功能性文盲率达到33%	
为挑战的特征做好定义	**评论**
1.在美国，在学校内部读写能力的评价中获得75分以上分数的，即为具有功能性读写能力。功能性文盲=得分低于75%	外部顾问对我们的内部评价进行了基准测试，认为它的效度和可靠性都很低。这个挑战实际上可能会更大
2.在美国，在没有达标的13岁孩子中，实际上有15%未参加评价测试	我们能假设所有没参加测试的孩子全都没有达到75%的标准吗
3.在美国，在未参加评价的学生中： ○男生大约有68% ○大约有74%在农村地区 ○大约有83%社会经济地位低	这样的结果，是因为农村地区的教学质量，还是因为学区的参与和期望水平较低呢
4.在美国，在参加评价测试但没有拿到75%的孩子中： ○男生大约有57% ○大约有83%社会经济地位低	我们能找到教师的统计数据吗？例如，这些学生的教师是不是经验较少，还是他们的教师经常缺席
5.在美国，学生没有达到75%的程度有较大差异： ○有32%差5分或不到5分 ○有41%差5分到15分 ○有27%差超过25分	先不讨论我们的评价没有外部评价有效，就数据而言，不同的学生需要不同程度的支持。例如，对32%这部分学生来说，他们可能只需要少量的额外支持

图表1.7
教育挑战分解结构图

至此，我们已经有了三条调查路线：（1）检查测试工具和提出的假设；（2）考虑来自特定背景的儿童是否以及为什么更有可能需要支持；（3）考虑是否可以根据需要改变给予支持的程度。

建立关于原因的假设（关于当下的理论）

通过清晰的定义教育挑战，你已经迈出了建立**当下理论**（a theory of the present）和思考可行干预措施的第一步。但我们建议你再进行更深入的探索，以便更好地了解"背痛"的原因。是不良姿势导致，还是关节炎，还是骨肿瘤？然后就可以选择正确的治疗方法，例如，矫正姿势、抗炎药物或放疗。如果是由多种因素引起的，那你就混合选择，找到匹配的干预治疗选项。

此外，单一的因果链中通常也有多个层次。例如：（1）根深蒂固的习惯导致；（2）不正确的坐姿导致；（3）腰椎间盘突出导致；（4）神经受压导致；（5）极度疼痛。选择的干预治疗措施，如物理去痛，治疗腰椎间盘突出的手术，调整行为举止的认知行为疗法等，都可能会改变你的整体的身体姿态，解决因果链中的许多问题。

完全相同的因果思维过程也可以应用于教育改进。超越民间理论，向

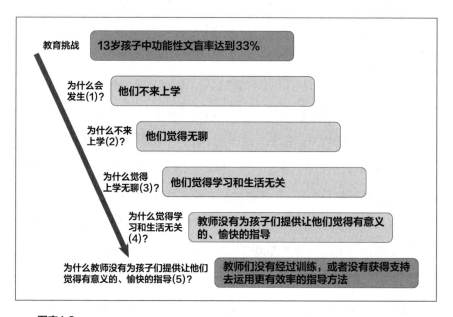

图表1.8
"5个为什么"

建立对"现在"有稳健理解理论的方向迈进，我们更有可能找到正确的干预措施，以帮助改善整个因果链。

有个出色的工具"5个为什么"可以帮我们做这件事。"5个为什么"由丰田喜一郎创造，并被应用于丰田汽车公司的经营运作中。"5个为什么"要一直问"为什么是X"。在图表1.8我们提供了示例。

反复问这些"为什么"的问题，目的是要用问题的回答建立起一个因果理论。根据你探究的主题、团队构成和利益相关者的想法，你极有可能构建出许多不同的"5个为什么"，每个"为什么"讲述着不同的故事，或指向不同的因果关系链。有的可能关于孩子们的家庭背景，有的可能关于教学语言或教学媒介；还有一些关于教学方法（即教育法）；还有一些关于课堂关系、信任、同理心和福祉。还有一些可能和短期的变量有关，如因新冠疫情导致学校关闭，虽然新冠疫情（希望是）已得到控制，但仍可能有长期遗留的影响。

在图表1.9中，我们将说明如何将这些不同的故事编织进路径分析（即关于当下的理论）。这张图并不完整，但它解释了如何让"5个为什么"充分深刻地解释你的当下。注意，这个例子是从外部顾问的视角展示的。如果你在教师内部进行这个路径分析，你需要用更加欣赏的方式来给这些影响力的泡泡贴标签（例如，你要特别会沟通），特别是在参与目标改进小组时。没有教师愿意听到他们使用的是"低质量的教学方法"或他们"缺乏理论"这样的话。用这样的语言说话，只会让人进入防御状态。相互指责会让他们在自己的思想和教室里禁锢自己。

路径分析的好处之一就是其不受形式的拘束，第二个好处是你可以很容易地在白板上写下重点，再用马克笔把它们连接在一起。但如果你想要

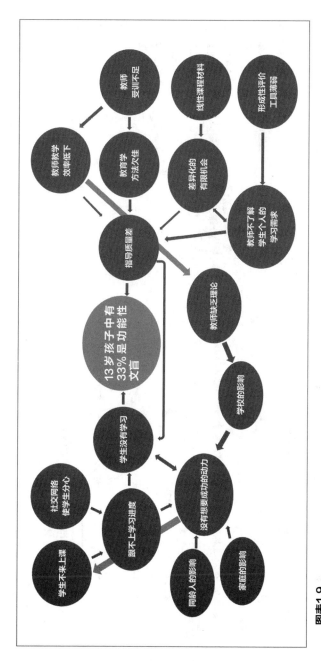

图表1.9

路径分析

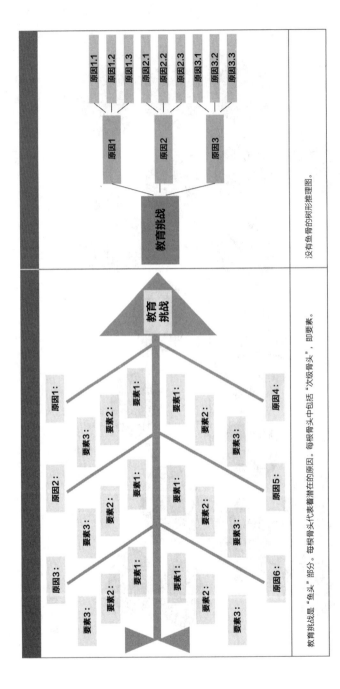

图表1.10
鱼骨图和树形图

格式上的规范，鱼骨图和树形图可以帮你，如图表1.10所示。

但鱼骨图和树形图的缺点是倾向于线性思维。箭头只指向从原因到结果的单一方向。但有些原因也可能影响其他原因，在技术术语中也称为调节与调整，某些原因可能比其他原因产生的影响更大。这就是我们更倾向路径分析的原因。路径分析首先由休厄尔·赖特（Sewall Wright）于1921年提出，如今还得到朱迪亚·珀尔（Judea Pearl）和达纳·麦肯齐（Dana Mackenzie）的大力支持。路径分析允许向任何方向移动箭头，甚至可以把它们移动到多个地方。你还可以改变"影响泡泡"的大小，以反映假设在整个方案中重要性的变化。

路径分析也是溯因推理的一种形式，很像警探进行刑事调查的方式。警探在白板上做记录：白板中央是罪犯或受害者，围绕在"受害者"周围的是一系列可能的嫌疑人（或"罪犯"），以及各自的作案手段、动机和机会。每一条因果关系链都讲述着不同的故事。马斯塔德上校带着匕首在图书馆犯下的罪行是因为仇恨吗？普朗姆教授在舞厅里拿着烛台是因为他的丑闻即将被曝光吗？（出自1985年美国电影《妙探寻凶》）

侦探构建一系列这样的理论，再搜索证据，确认嫌疑人究竟是嫌犯还是无辜者。收集证据，包括证人证词、查监控录像、确认不在场证明等。普朗姆教授展示出案发当天的机票，表明案发当天他不在城里，机场的监控也印证他的证词，于是他的照片就从白板上拿下去了。

在调查阶段，你就像一个收集教育数据的侦探。把你的"犯罪案件"（即教育挑战）放在白板的中心，再摆上你对不同因果关系链的直觉，如此你就可以收集数据来验证（或者取消）你当前的理论了。这是在复盘验证证据链。但有一件事让收集教育数据比警探的世界更为复杂：我们很难用单一的因果链（例如"芥末、图书馆和匕首"）来解释"教育犯罪案件"。更为常见的是，造成这个"教育犯罪案件"的一系列影响因素相互关联——每种影响因素都在不同程度上发挥作用，并对结果产生影响。

我们理解，是的，你可能对数据侦查这件事不屑一顾，十分渴望直接放手做些什么，任何事情都行。因为你觉得导致"教育犯罪"的原因已经十分明显了。但如果你缺乏健全的、经过检验的"关于当下的理论"，那么你很可能会彻底选错干预的活动和措施。这样的话，"针头"就一点都不能推进药物了，最终，你可能什么都无法完成。根据错误信息前进，完全是徒劳之举。

图表1.11中，我们展示了在每条路径分析中搜集和检查变量的方法，

原因变量	因果假设	验证数据来源	验证结果	保留与否
学生缺席	因为他们不来上课，学习进度落后跟不上进度	学生出勤的数据	**未证实。**目标群体的缺勤程度和表现优异的学生无差别	**移除**
跟不上学习进度	学生没有足够的先验知识来搭建和连接新课程的内容	• 形成性评价数据 • 学生的看法	**证实。**通过评价数据和对学生的采访，目标群体中大于70%的孩子都没有适当的先验知识储备	**保留**
指导质量差	学生没有进步是因为他们不享受课堂，觉得学习的东西是没有价值的	• 学生的看法 • 课堂的观察 • 课程的评价	**证实。**学生一直汇报说他们发现缺少课堂参与；通过对课堂的观察也可说明这一点	**保留**
有限的差异化机会	教学是线性的，没有注意到学生各自的知识储备是不同的	• 课堂的观察 • 课程的评价 • 学生的看法	**证实。**缺少分组/差异化教学的策略或评价数据来指导教学	**保留**

图表1.11
验证因果程序

利用一系列数据，包括eMIS、学习路径、学生的态度、课堂观察及调查。这是循环嵌入式的检查。

当你研究因果关系图中支持每条链的数据时，你要

- 去除未经验证的影响因素；

- 添加行动研究中产生的新影响；

- 当重新考虑可推动改变方向的变量时，调整箭头的位置。

你最终确定的地图对你在D2阶段（设计）中的活动至关重要，在D2阶段中，你要精心设计与关键因果变量交互并影响它们的活动和计划。这意味着，你可以阻止、弱化和理想化地扭转它们的影响力。

如果你在一个学校工作，单一路径分析就可以列好原因变量。但如果你在学区层次或更高层次工作，你就需要不止一张地图。这反映了在不同学校间，相似的情况背后可能有不同的原因。

1.4 将目标可视化

好消息是，我们已经在（几乎）接近D1的尾声了。现在你已经确定了一个值得追求的教育目标，也相当清楚产生它的原因了。在进入设计（D2）阶段之前，我们建议你做最后一件事：**想象成功的模样**。

将目标可视化并设定目标达成的标准使你保持专注，同时更有动力把目标变成现实。在设计（D2）阶段中，你会设计具体的措施。但现在，你可以尝试：

- 鼓舞人心的表述

- 建立暂时的成功标准（如图表1.12所示）

将成功进行可视化之后马上要做的就是行动，去实现它！

当前的情况	预计目标	截止日期	衡量方法
我们13岁的孩子中有33%是功能性文盲	13岁的孩子中88%的孩子具有功能性的读书写字能力	2025年12月	在全国读写能力评价中达到3级起点的学龄人口占总学龄人口的百分比
调整"预期"选择性价值			
对区域内的数据进行比较显示，在上述各种因素影响下，仍有平均90%的学生具有功能性的读写能力			

图表1.12
设定暂时的成功标准

发现（D1）阶段总结

明确一个值得追求的目标

🕐 1.1 搭建骨干组织

🕐 1.2 确定教育挑战

🕐 1.3 阐释教育挑战

🕐 1.4 将目标可视化

下一章我们会聚焦设计（D2）。

第二章

D2

Design | 设计

设计（D2）：构建计划的逻辑框架

2.1 探索设计空间中的选项

2.2 建立计划逻辑模型

2.3 对逻辑模型进行压力测试

2.4 设置最优停止时间

2.5 建立项目监控与评价计划

摘要

当新冠疫情在2019年底突袭而至时，各国政府关注的首要问题是，新冠病毒是否真正构成威胁。第二个问题是威胁的严重程度。在该疫情被正式定义为"大流行"之前，我们大多数人都对这个在远方出现的新病毒不屑一顾。最终，全球大部分地区的政策制定者花了几个月的时间才承认，新冠病毒确实构成了真实的威胁。即使是现在，对许多公民来说，这仍是一个威胁，并且很可能在未来很长一段时间内与我们共存。

早期的政府内部会议有一个共同的特点，（几乎）总是有人会问，是否有必要采取积极措施以应对新冠疫情；还是坦然接受病毒的攻击，以快速获得群体免疫。在大多数国家，经过对数据的研究处理，得出的结论是，疫情带来的威胁十分严峻，1%~2%（平均）的人口可能面临死亡，还有更多的人会患上我们现在所说的新冠后遗症（即将长期伴随你的健康问题）。这一评价带来的结果是，大多数国家决定采取行动，保护其人民免受这些后果的影响。

政府为评价疫情是否真正具有威胁性，并计算其严重性的过程，与我们在D1（发现）阶段所阐释的并无区别。政府利用数据分析来回答这个问题："如果我们什么都不做，最坏的结果可能是什么？"然后，政府的科学家便开始定义和描绘病毒的基本特征（即分解结构）。他们也会以自己的方式进行路径分析，探索：

- **传播途径**（即在相应条件下，病毒从一个人传播到另一个人的速度）
- **生物相互作用**（即病毒如何进入人体，将在人体内做什么，以及人体免疫系统将对此做出什么反应）

了解了这些信息，下一步就是进一步调查并商定干预措施，以减缓、阻止或逆转该路径分析中所展示的不同节点或影响因素。最终，这部分会演变为一个设计活动，以求确定一系列高效的干预措施。例如，为应对病毒传播，确定的干预措施包括戴口罩、勤洗手、保持社交距离以及封锁疫区。这些干预措施不是随机选择的。科学家们仔细研究了此前用于遏制其他类似病毒传播的成功案例。

但停留在这里是不够的。下一步就是要商定每一个选定的干预措施的具体细节及设置水平。例如，是否需要在室内和室外都佩戴口罩？可以重复使用口罩吗？标准外科口罩是否足够，还是说需要戴两层口罩，甚至使用更强大的N95口罩？如何鼓励人们佩戴口罩？如果人们拒绝佩戴口罩，会有什么惩罚吗？是否会执行惩罚？又该由谁来执行？

类似的问题，在涉及社交距离、封锁措施（包括学校是否应该被关闭）的具体细节及设置级别时，以及关于疫苗的设计及分发、病毒感染者的治疗方法时，都需要讨论。每一个"工作包"都被构建成一个精心设计的计划，接着，这些计划将被执行并评价，以决定下一步该怎么走。

我们在可见的教学影响力第二步设计（D2）阶段中所概述的流程和工具，与科学家及政策制定者用于调查和商定如何应对新冠疫情所使用的非常相似。这不是偶然。请注意，在搭建此框架时，我们探索总结了在各种领域中获得过成功的工具，包括医疗保健领域甚至商业领域。

相较于随意挑选方法，然后希望能够得到最好的结果，你不如使用这些系统设计过的方法，这将显著提升你实施首要教育挑战的影响力。

通过使用这些系统设计过的方法，你将显著提升实施首要教育挑战的影响力。

2.1 探索设计空间中的选项

在发现（D1）阶段，你建立了骨干组织（1.1），决定了面临的一个教育挑战（1.2），进行了路径分析以解释这一教育挑战（1.3），设定了临时改进目标，以确定更好的前景目标。

你在步骤1.3中进行的活动尤其重要，并且与接下来要做的事情直接相关。在这一特定活动中，你描绘了所面临的教育挑战的关键因果维度，并进一步验证了这些因果关系。这一过程的成果是使用箭头及影响因素检查并反复检查路径分析，如图表1.9所示，这一过程我们将在图表2.1中再次进行回顾。

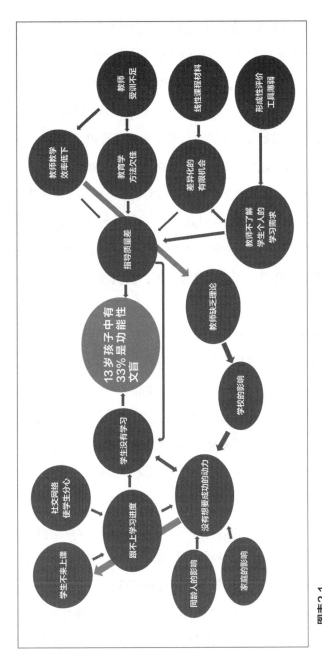

图表2.1
重述路径分析

你要在步骤2.1中做的是系统探索设计空间中的选项，这些选项可能会被用来阻止、反转或削弱路径分析中每个已被识别的影响因素。在图表2.1的示例中，有17个影响因素，所有这些因素都影响了位于中心的教育挑战。这意味着，（在理想情况下）需要为这17个影响因素中的每一个搜寻一系列选项或机会草案。需要说明的是，机会草案指的是倡议、计划、行动、干预措施等——你可以执行这些内容，这将更接近你的成功标准。

在搜寻过程中，你可能会识别出可以影响多个影响因素的草案。例如，你可能会确定一种特定类型的教师辅导计划，这一计划可能同时解决"教师培训不足""教学法未达标准""教师自我效能感低"等影响因素。这非常好，很鼓励你这样做，因为设计越简单，在执行（D3）环节出现问题的可能性就越小。

然而，关键问题是，你该如何在设计空间内进行搜寻，以确定潜在的草案？可惜的是，我们发现，在我们与学校的合作中，经常会以非正式和不系统的方式进行这一步骤。一个人去参加了一个会议，然后听到一位"专家"谈论X项目，看了一篇博客文章，或者是听了在另一所学校工作的朋友的推荐。这些信号就被视为X项目有效的"证据"，且人们会认为X项目同样适用于应对他们正在面临的教育挑战。丹尼尔·威灵厄姆（Daniel Willingham）的著作《什么时候你能相信专家》（*When Can You Trust the Experts？*）向我们展示了商业教育产品和程序开发人员经常表现出的浮夸营销和可疑宣言。显而易见，我们需要的是一个"垃圾检测器"或"垃圾避免协议"，以便于我们专注于成功概率最高的草案。

避免垃圾方案的第一步是瞄准你的实际需求。你拥有属于自己的影响因素路径分析，并且正在主动搜寻设计空间中与这些影响因素直接相关的草案。再次强调，你要找的是与这些直接相关的草案。与此相对应的是，你没有认知偏见，这种偏见常被称为"工具规律"，有时也被称为马斯洛的锤子。就好比说，你拥有一个非常好用的X项目，例如，用十个简单的步骤教会孩子骑自行车，于是，当你面对的教育挑战是预防网络欺凌和自杀倾向时，你仍选择X项目作为应对方式。确实，你可以在两者之间搭建一种因果关系，运动会增加内啡肽，而内啡肽让人快乐，骑自行车是运动的一种形式。但这有点牵强。

因此，第一步是系统地搜寻设计空间中有的选项，以应对实际的教育挑战。在图表2.2中，我们展示了可供使用的三个关键数据源，接下来，我们为每个数据源作进一步阐释。以下便是三个关键的信息来源：

A. 现有做法。这是你正在做的，也是经验的来源。

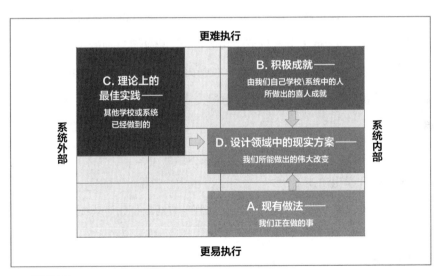

图表2.2
识别设计空间中的选项

来源： 改编自安德鲁斯等人（2017）。

B. 积极成就。这是当地相关人士的行为和行动，这些行动以一种积极的方式大大扭转了当前的趋势。

C. 理论最佳实践。这是你可以从其他学校和系统如何应对相同或类似挑战的研究中收集到的。

通过挖掘和三角测量这三个信息源，你就可以识别：

D. 设计领域中的现实方案。这是指基于你目前的能力和资源，在当地能够做到的活动，且这些活动也很有可能帮助你应对教育挑战。为了实现这种可能，它们需要与你的一个或多个影响力因素有着很强的联系（即他们满足了你实际的需求）。现在，让我们依次介绍这些信息源。

现有做法

好消息是，你可能已经在现有工作的实施方面取得了良好进展。在D1（发现）阶段，你完成了分解挑战结构的工作，以便更好地确定你所探究的领域，并且你还进行了路径分析，以便更好地了解所面临的挑战背景。然而，如果你仍认为有必要收集更多的相关信息，则可以通过以下的方式进行补充：

- 课堂观察，包括一系列视频甚至音频转录
- 教师和学生访谈
- 开发流程图，你可以用便签纸来绘制现有活动是如何从头至尾进行的

积极成就

无论你想探究的领域是什么，你的学校或系统中总会有一些相关人士做得明显好于平均水平。例如，如果你试图显著提高识字率，你可能会发

现，某些教师群体总是能完成得更好，或者有一些学生群体，无论谁教他们，成绩都非常好。

你需要去了解这种情况发生的原因，以及究竟是什么造就了这一不同，这样，你就可以更好地评价，这是不是一种容易被其他人效仿并且可以大规模推广的做法。如果你发现，无论教师是谁，表现出众的学生往往来自具有更高的社会经济背景的家庭，他们的父母倾向于支付额外的学费或寻求额外的辅导支持，你可能就能得出结论，这样的原因是非常难以复制的。然而，如果你发现，表现更好的学生是那些建立了学习小组，并且接受了一系列经过设计的学习技能实践训练的学生，那么这样的原因就很有可能被复制。

对于教师来说也是如此。在阿伦·汉密尔顿的研究里，他探索了如何提高低收入和中等收入国家学生的出勤率。一些偏远的学校在这一方面做得非常好，即使是应对土著学生，这些学生的父母最初不想让孩子上学。但有些机制相较于其他的更容易复制。在一所学校，成功似乎归功于一位鼓舞人心和充满激情的教师，他总是用土著语言唱歌，同时自在地弹着吉他。这是非常美妙动人的，但这很难被复制。去哪里找500名会弹吉他的教师呢？但在其他场景下，成功也可以实现：（1）通过有组织的家长会议，向家长们介绍让子女接受教育的好处；（2）将一定的现金转移支付作为补充手段，以减轻这些父母送子女上学的经济负担。相较于招募会弹吉他的教师，这些措施的计划、编撰和复制实施就容易多了，尽管它们可能不那么有趣。

图表2.3总结了大量基于实践的、针对积极异常值的研究。该图表为你提供了一个框架，用于计划和记录你所研究领域的积极异常值。

这是所有关于积极异常值的识别，对这种变化的解释，以及复制推广这种成就的难易程度的图表。具有高复制潜力的部分代表了高潜力的草案。

积极异常值的创造者	积极异常值的结果	积极异常值的行为	复制潜力
他们是**谁**？	这一成效与总体趋势有着**怎样的**区别？	这一不同是**怎样**造成的？	其他人复制该成就的**难易程度**如何？

图表2.3
识别积极异常值

理论上的最佳实践

第三个你应该在世界范围内证明有效的研究文献中寻找高可行性的影响力执行案例。正如我们在本书导读部分中提到的，现有超过150万篇关于教育干预领域的研究。诚然，探索、整理和编目这些研究需要花费你几辈子的时间，但好消息是，这（在很大程度上）已经完成了。有许多地方可以提供检索高质量的系统综述，这些综述综合了多项研究的结果，得出了总体性的结论并提出了建议，如图表2.4所示。

我们强烈建议你精准地搜索**高质量的系统综述**，因为它们不只是阐明什么是"有效"的，而且进一步说明了什么是最有效的。事实上，遗憾的是，有关有效实践超过150万篇的研究性文章的特征之一是，如果你足够努力地去阅读，总能为任何东西找到"论据"。你可以证明，家庭作业是无效的或者是有效的，甚至可以证明家庭作业有时有效，有时则无效。你还将注意到，研究设计的质量是十分不稳定的。因此，危险在于，一旦一个观念牢牢植入你的头脑，那么你关注的草案就会被这一偏见影响。之后，你便会只关注符合该假设的数据。通过充分的搜索，你肯定会找到"论据"，以证明家庭作业有效、无效、有时有效，甚至你可以证明，登陆月球是假

资料库	内容
可视化教学元标签 全球	对100000多项研究的1800多项条目进行了分析编目，涉及3亿余名学生。调查结果涉及九个领域中对学生的300余种影响，包括学校、教室、教师、教学法、课程等领域
全球教育资源信息中心（ERIC） 全球	100多万篇研究文章可供检索（谷歌式），其中有些需要付费（尽管其中大多数个人研究而不是系统综述）
有效信息交易所（WWC） 美国	对一系列基于实证的干预措施/或项目进行了编目，涵盖了一系列领域，包括文学、数学、科学，以及优秀教师
最佳论据百科全书（BEE） 美国	综合了与数学、阅读、科学以及幼儿教育相关的有效项目研究成果
教育捐赠基金会（EEF） 英国	对30余种常见的教育干预措施进行了编目，并根据实施成本与实施效果进行了评分
坎贝尔联盟全球 坎贝尔–联合国儿童福祉基金会 全球	提供一系列领域的系统综述，包括教育、健康、犯罪和社会正义领域
最佳教育改良综述（BES） 新西兰	包含8个常见教育改良类别提供叙述式的系统综述，包括教师专业发展和具有高影响力的教学方法
澳大利亚教育研究组织（AERO） 澳大利亚	提供一系列"考查和考验过的"方法及其论据，包括形成性评价、掌握性学习和明确指导
加拿大安大略省教育研究交流中心（OERE） 加拿大	对有效实施案例的论据、示例资源及框架进行编目

图表2.4
全球教育研究资料库

的，地球是平的。

然而，进行系统综述的美妙之处在于，专业研究人员已经完成了繁重的收集工作，并汇总了超过150万项研究，为你提供了大致的影响力概率。这意味着，你可以根据所有的相关研究做出决定，而不仅仅是你自己的初始搜索。

基于这些综述和其他资源，你将能够找到在其他领域中有效的高影响力策略，以帮助应对类似的教育挑战。这些策略也可能在你的研究领域中起作用。

已经完成编撰汇总和产品化，并具有影响力的项目总是特别吸引人。它的美妙之处在于，其他人已经完成了繁重的工作，并在各种情况下进行了测试、迭代并且完善了项目。为了完善项目，这还包括激活、执行和维护任务。为什么要重新发明轮子呢？找到适合你需求的车轮类型更好一些。

然而，正如我们在图表2.5中所阐释的那样，论据的质量是关键。如果你从大规模的系统综述开始收集论据，将来自数百、数千甚至数万个不同系统的研究结果汇总到一起，你将对论据质量拥有更高的信心。

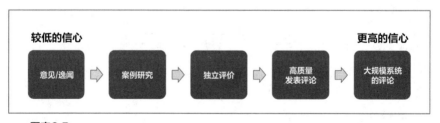

图表2.5
论据质量

你也可以反过来进行检索，从更广泛的系统内收集有关适当干预的措施或计划的意见。之后，你可以就每一个特定的意见寻找研究数据，关注与你所研究的领域类似且具有更强大支持数据的计划和项目，并丢弃其他部分。

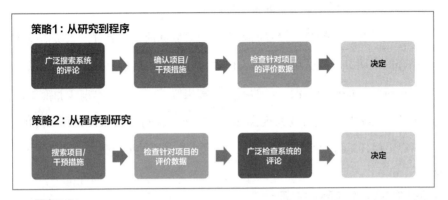

图表2.6
从研究到程序与从程序到研究

在图表2.6中，我们展示了这两种不同的策略。策略1是从更广泛的系统评价开始的，利用这些评价来寻找与项目相关的提示，然后交叉检查特定的项目评价数据，做出决定。策略2是从项目本身开始的，有些项目可能已经引起了你的注意，在更广泛的系统中，工作的同事或合作者的一些见解会让你受到启发。之后，你便可以检索这些启发背后的具体项目和特定评价数据，最后，根据大规模的系统评价结果进行交叉检查，以确认一致性。之后，你就可以做决定了。

这两种策略都是很好的，只要你能正确执行它们。即你既要收集正向数据，也要收集反向数据。

然而，当你探索特定的程序数据时，还有最后一个注意事项。许多教育项目的开发人员会在他们的项目营销中使用类似"基于研究"或"基于经过验证的研究"之类的话。他们要表达的基本含义如下：

他人在某个地方，开展了一些和我们相类似的项目，他们收集了可以证明影响的评价数据。因此，你可以放心，我们的项目会有同样的效果——即使事实上并不一样。

在获得有关他们自己项目的确切影响力数据前，产品开发人员需要进行浮夸的说明，尽管这可以理解，但这种陈述仍不可信。如果他们的项目和正在执行的协议同他们所说的项目非常相似，或者如果这些项目有着高质量的已发表的评论，或大规模的系统综述来支持其有效性，那么是的，你可以更信任这些项目。但是为什么不直接参考原始项目呢？

设计领域中的现实方案

当你检索现有做法、积极成就，以及理论上的最佳实践时，我们建议你初步列出那些有可能显著帮助到你的项目。在图表2.7中，我们演示了执

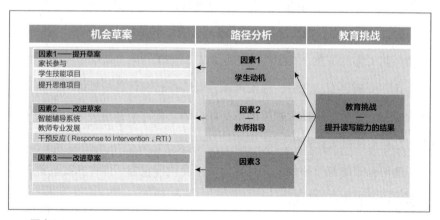

图表2.7
机会草案

行这一操作的一种方法。在最右边，列出你所面对的教育挑战。在中间列，转录你在执行步骤1.3路径分析时找到的每个影响因素。之后在最左边的一列中，列出你的草案，即可能与特定因素相互作用以改善结果的干预措施或行动。你可能会发现，其中一些改进草案是有相关性的，并且可能可以作用于多个因素或路径分析。

在图表2.7中的机会草案部分，我们只列出了每个**影响因素**的三个潜在示意图。根据你搜索的时间和仔细程度，你可能会发现数百个潜在的机会。当然，这一切都回到了最优停止——即在继续下一步决定之前，你应该搜索多长时间。

你的每一个草案都可能以不同的方式、不同的改进理论和不同的改进途径来促进结果的实现。例如，还是以学生的识字率举例，假设有两个影响因素，分别是：（1）学生缺乏动力；（2）有偏差的教学方法。你可以为每一个影响因素确认一系列可能的机会草案：

• **学生缺乏动力**：家长参与项目，成长心态培养项目，学习技能培养项目，行为管理项目等

• **有偏差的教学方法**：智能辅导系统、教师专业发展、干预反应（RTI）、脚本化教学指导等

这些草案中的每一个项目都会以其不同的方式与各自的影响因素相互作用。家长参与项目的重点是团结家长，让他们成为陪伴学生学习的伙伴，而成长心态项目则侧重于直接提高学生的自我效能感，从而增强他们的动

力和方法。智能辅导系统无须教师提供指导，目的在于提供额外的练习。相比之下，教师专业发展与干预反应或脚本化教学指导旨在提高教师水平，从而提升学生的学习成果。

你几乎一定会在设计空间中找到比你希望执行的还要多的选项。**事实上，想要在同一时间内执行的项目越多，你就越有可能一事无成**。因此，你需要仔细挑选。在图表2.8中，我们为你提供了一个评分量规及评分表，你可以用它来评价所有选项。也可以对此表进行调整，以更好地适应你的本地环境。

在图表2.9中，我们提供了一个示例，说明如何收集和记录每一个草案的初步信息，以便进行上述的评分和排名。当你进行此分析时，会有一部分机会草案脱颖而出，因为它们更具影响力。你将带着这些草案进入设计的下一阶段。

因素	标准
影响力的证据	• 在其他情况下取得的结果（例如，效应量数据） • 研究的数量和研究的人群（例如，在可视学习矩阵，我们为每种影响都列了信心排名） • 研究的质量（即意见/逸闻→系统的回顾） • 研究的背景和你当地的环境之间的相似之处
可复制的难易程度	• 干预是"产品化"的，还是需要你自己构建？ • 这些步骤是否容易遵循，还是可能会有截然不同的解读？ • 它是针对你的文化、语言环境开发的吗？或者它已经本土化了吗？
当地执行的能力	• 你是否有机会获得高质量的内部或第三方的技术援助来支持执行？ • 是否有利益相关者的买账？干预模型是否符合当地利益相关者的信念/行动理论？ • 利益相关者是否有足够的时间参与到成功所需的层面？ • 当地利益相关者是否具备实施新方法的技能？提高他们的技能有多容易？
执行的花费	• 整体花费除以直接受益人总数 注意：你还要注意到重复的成本，而不仅是始发设置的成本数据

机会草案	影响的证据1-5 （5=强有力的证据）	可复制的难易程度1-5 （5=很容易）	当地执行的能力1-5 （5=能力很强）	执行的花费1-5 （5=低成本）	总体得分
智能辅导系统	5	3.5	2	3	13.5/25
按教案教授课程	5	2.5	1	4	12.5/25

图表2.8
在设计空间里为你的选择排序

来源： 汉密尔顿和哈蒂（2022）。

机会草案	目标小组	假定的因果机制	研究证据	修改	现有的计划	花费	执行难易度	产生影响力的可能性
是什么?	谁会参与其中?	从A到B，C再到影响的理论路径是什么?	有什么证据支持这个会改革案?	根据我们对研究的回顾，什么样的调整会使它更有效?	有没有现成的计划我们可以买，或者那些有影响力的计划能强有力影响证据吗?	每个学校，每个学生，每个目标要花多少钱?	这是可以快速完成的，不需要付出多少努力的？还是需要长期的努力和买入?	我们如何评价成功的机率?
人工智能驱动的预警系统，预先识别风险学习者	学生，教师	假设有学生数据模式可用于提供未来缺勤的早期预警；假设教育工作者可以利用这些数据做些什么，以降低目标群体的缺勤率	来自一系列的美国部落的相关数据显示，他们的AI系统在即将课和执行18个月前都成功预测了"有挑战性"的学生	体制本身不会改变，需要对确定的学生进行结构性干预	有一系列下架的软件系统，包括：系统1、系统2、系统3	每所学校，每年$1500/每名学生	中等。关键事项：·数据系统整合·教育工作者切实使用该系统以减少缺勤	中等。它会提供数据，使能够教育工作者对针对有风险的学习者提供支持的，但它本身不能解决工作上的问题
智能辅导系统为学生提供个人化指导，为教师提供的仪表盘数据	学生，教师	假设儿童的个人学习需求可以通过评价化确定，人工智能算法可以选择适当的学习内容，以提高每个学习者在其需要领域的进步	对357项研究进行了6次meta分析，涉及22000多名学生，产生了d=0.51的效应量	这些系统是"黑箱"（也就是说，我们不能改变它我们工作的方式）。但我们有访问：·哪些学生有访问权限·访问时长·他们在哪里访问·我们如何与课堂教学相联系	有一系列下架的软件系统，包括：系统A、系统B、系统C	平均费用是每个学生每周2.5美元	中期。关键事项：·腾出时间给学生使用·所有设备都可以使用·向学生，家长和教师的长期福利	较高。系统自内部，它们确保要的系统选者的独立评估的高质量数据，而不是仅仅"基于"证据

图表2.9
机会草案分析框架案例展示

完善草案的其他方法

除了我们前面提到的系统搜索过程，这里还有一些其他方法，你可以考虑用它们来三角化并测试你的思维。

1.可能最坏的想法。你故意想出尽可能多的坏点子来"改进"你的内容。然后找出那些坏主意所有的相似之处，再找出与这些坏点子相反的活动或项目。你也可以尝试把坏想法的不同特征结合在一起，思考它们的反面特征是什么，看看它们是否会启发一个好想法。刻意寻找坏点子可能具有的好处是，与要求利益相关者提出好点子相比，刻意找出坏点子的压力更小，包容性更强。每个人都能想出坏点子。

2.类比。与其他情况进行比较来测试你的思维逻辑。你可能已经注意到，我们在整本书中使用了很多类比（登上月球、金字塔、高空跳水等）。我们一直发现，让我们的思维变得贯通，并将其应用到新的环境中，可以帮助我们迅速弥补逻辑中的缺陷。还有很多学者，对类比在可转移技能和批判性思维中的作用进行了研究。

3. 身体风暴。在这里，你可以使用角色扮演的方式，逐句演绎你确定下来的机会草案，以便从不同的利益相关者群体（例如，教师、领导者、学生、家长）的角度，甚至从每个利益相关者的不同子类别的角色（例如，新合格的教师和有经验的教师）的角度，探索执行的实际障碍可能是什么。这对于我们在步骤2.3中的压力测试非常有用。

4. 创造性的暂停。如果没有想法冒出来，就停下来。休息一下，哪怕只是几天，再重新开始。

5. 兼听则明。与其他学校、地区和/或系统中遇到类似教育挑战的同事交流。尤其要吸取他们的教训和错误的路线。但要注意，不要轻信他们的说法。要坚持由影响力的证据的驱动，并对他们的第二种意见形成第三种意见。

6. 减法。 系统探究一下，你的教育挑战是否因为你做得太多而不是太少而存在。通过减少活动、项目和议程，你有可能取得更大的进展吗？有时，**少即是多。**

以上6种方法都只是为你提供建议。你仍然需要交叉检查这些线索与高质量的影响证据——例如，通过使用图表2.8中概述的"在设计空间中对你的选项进行排名"标准。

2.2 建立计划逻辑模型

现在，你已经确定了一些成功可能性更高的机会草案，下一步就该考虑如何将他们串联到一起，并排列成一个连贯的集成项目，以解决你路径分析中的各种影响因素。

早在20世纪20年代，美国漫画家鲁布·戈德堡（Rube GoldDerg）就创造了一种有名的卡通类型，如图表2.10所示。

这是一种鲁布·戈德堡装置。一个坐在椅子上的男人，戴夫，他想要打开电视。戴夫其实有很多办法可以实现这一目标。首先，他可以站起来，穿过房间。或者，他可以买一根长棍子，窝在舒适的椅子里，用棍子戳电视机前的按钮。再或者，他可以买一台带遥控器的新电视。还有第四种方

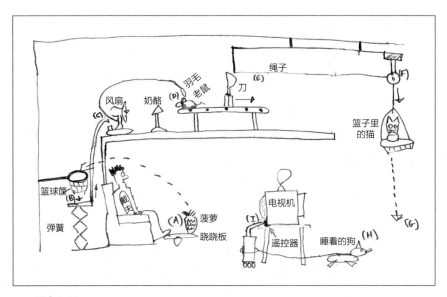

图表2.10
鲁布·戈德堡装置

法，他可以制造一个包含许多活动部件的复杂装置。这些都是解决方案，或者可以说是可能有效的解决方案中比较高级的一些办法。这类似于我们所说的"草案"。下一个层次便是行动指南了。行动指南要详细得多，详细描述了从开端到结束的输入、运作、输出过程，行动指南的作用是使解决方案或者说草案变得更加具体、生动。

在戴夫的例子中，他选择了"造一个复杂装置"这一解决方案。漫画一步一步地详细阐明了具体的行动指南。如果选择这一方案，他需要先用脚轻踩跷跷板（A），跷跷板会发射菠萝，使其穿过篮球筐，并触发弹簧装置（B）。弹簧会打开风扇，风扇叫醒了传送带上的老鼠，奶酪又引得其开始跑动（C和D），带动了传送带。传送带上的刀于是割断了绳子（E），篮子里的猫（F和G）掉了下来，吸引小狗向前跑（H），并拉动绳子，从而触发遥控器按钮，成功换台啦（I）！

显而易见，对于像换电视频道这样简单的事情来说，这种行动指南显得有点过于复杂。有太多的活动部件——这些活动部件都有可能出问题。万一老鼠没按方向跑，或者狗睡着了呢？电视就换不了台了。事实上，鲁布·戈德堡的妙处就在于我们都知道它根本行不通，有趣之处（欢笑声）就源自想象，理论和现实注定背道而驰。

然而，你所面临的教育挑战可能要比换电视台困难得多。你不会建立一个组织框架去做一个像换台这样简单的事情。与此相对的是，执行教育改革可能就真的需要这样复杂的活动要素了——而其中的一些要素也可能出现故障，或者无法按预期执行。因此，如果你能像鲁布·戈德堡漫画一样，从头到尾地绘制出行动指南，看看每一部分是否真的有意义，以及潜在的故障点会是什么，这将对你实施教育改革大有裨益。

如果你想通过画漫画的方式进行这一步，你可以做到。如果你想用一些便笺也没问题。然而，我们更推荐一种在实际工作中非常好用的工具——计划逻辑模型。在20世纪60年代后期，美国国际开发署（USAID）以美国国家航空航天局用于登月工作的思维工具为基础，首次正式提出计划逻辑模型。然而，这种方法花了50多年的时间才普及至教育领域，现在对其的应用仍处于早期阶段。

计划逻辑模型的模板为你提供了一个结构化的框架，用以探究和解决以下问题：

1. 我们所面临的教育挑战是什么？（即我们试图解决的"问题"或我们寻求进步的目标是什么？）

对戴夫来说：不用起身就可以换台。

对你来说：在发现（D1）阶段所确定的目标。

2. 在现有情况下，我们将采取哪些行动、与哪些相关人士合作，以应对教育挑战？

对戴夫来说：过度的设计需要搭建装置、加润滑油、训练和喂养动物。在这种情况下，两周后他便不再想用这个装置了。

对你来说：你确定的机会草案包含的具体的项目、干预措施、行动等。

3. 我们需要部署哪些资源（即人员、时间、预算等）来实施我们所确定的草案？

对戴夫来说：老鼠、猫、狗，以及一些用于搭建装置的金属和食物。

对你来说：你在机会草案中确定的那些项目。

4. 我们对如何以及为什么会起作用所做出的假设是什么？

对戴夫来说：老鼠会听话；所有的弹簧、杠杆、传送带都将完美地运作。

对你来说：你选择的干预措施是强有力的，与你要解决的问题相关，并且将会生成影响力。

5. 活动的产出会是什么？（即创造的"产品"，参与的人数等）

对戴夫来说：用于更换电视频道的设备已经成功搭建及组装。

对你来说：可以是开发的课程材料、受过训练的人才、已经进行过的培训活动等。

6. 我们期望从短期、中期和长期执行的干预措施中看到哪些可衡量的结果？

对戴夫来说：能够在每天晚上7点将电视节目从《辛普森一家》（*The Simpsons*）切换到《百战天龙》（*MacGyver*），而且不用起身。

对你来说：提高学生的识字率，或你的特定教育挑战领域里可能会发生的事。

7. 我们如何收集数据和措施以实现监控及评价？我们需要收集哪些类型的数据？

对戴夫来说：记录一份档案，详细说明其装置是否在每晚7点成功切换了频道。他还将委托一名独立的评价员来检查他装置中的每一个连接点，并确定该部件的效率如何。

对你来说：有关教师参与你扫盲培训项目的数据，以及学生成绩提高的数据，或者在你的特定教育挑战领域想要达成的数据。

现状分析与改进分析与实践分析

理论类型	描述
1. 现状分析	• 你对你所面对的教育挑战为何存在的分析（导火索是什么？根本原因是什么？路径分析是什么？） • 戴夫无法轻松换台，因为电视没有遥控器
2. 改进分析（即更进一步的分析）	• 更进一步的分析，即你会采取什么措施来改善目前的情况 • 戴夫将建立一个机械装置来换台
3. 实践分析（即细节）	你对关键步骤及其设置级别所做的更详细的分析 戴夫的装置将由钢制成，并包含九个链接元素（菠萝、奶酪、老鼠、刀、猫、狗等）

可见的教学影响力都已明确设计过之前的所有步骤，以支持你回答这些问题，接下来，你可以将你的答案构建成一个完整并且连贯的计划逻辑模型。

让我们回顾一下在你确定了所面临的教育挑战后，可供开发计划逻辑模型的一些关键步骤。请参见图表2.11。

有了这些想法和产出，接下来，你便可以明确计划逻辑模型模板中所展示的一些维度，如图表2.12所示。

在此阶段，你所填入模板的内容可能会像我们在图表2.13中所展示的这样。

回想一下这本书的开头，我们引用了最优停止的概念。简单说，"最优停止"就像是你是否可以在第一次看房子，或者决定买一辆新车的时候，幸运且正确地选到一个"最佳"选项。大部分人不会买自己看的第一套房子，或看的第一辆车。同样，房地产开发商和汽车制造商也不会将他们的第一个想法直接投入生产。他们会提出很多方案——有些落实到了纸上，有些设计为物理模型。他们这样做是为了仔细审查，降低把产品投入市场时可能出现的风险。

针对现状，你构建了一个因果模型来阐释你正面临的教育挑战所包含的关键维度。这其中包含了许多影响因素。

之后，你列出一份长长的清单，包含所有可能实施的机会草案，这些草案可以与各种影响因素相互作用，以抵消或逆转其影响力。

接着，你依据一定标准对可能实施的草案进行评分和排名，以筛选能在最大范围内发挥最大影响力的草案。这样，具有最高影响力的草案便可以被进一步分解，分析出计划逻辑模型中的活动、涉及的相关人士、资源、假设和产出。

同样的原则也适用于构建计划逻辑模型。的确，你有可能在第一次尝试的时候就中大奖，但你也同样有可能碰一鼻子灰。因此，我们强烈建议你多设计几个不同的逻辑模型。回到我们关于识字率的例子，一些模型可能很简单，只有一个核心工作包或草案——例如引入智能辅导系统，学生每周在家中访问一次，也在学校访问一段时间。一些模型可能更复杂，包含引入教师专业发展的培训，甚至可能是一种全新的教学方法，如干预反应（RTI）。显然，更多的活动部件意味着更高的失败风险。与之相对的是，较少的活动部件可能意味着，你正在执行的操作过于简单，并且无法与路径分析中的"影响因素"正确交互。

现在，你可以选择最佳的设计并快速投入执行，或者也可以在正式实施前花更多的时间进行压力测试。如果你在区级（或更高）的级别工作，我们建议使用步骤2.3中的工具和流程来测试你所构建的逻辑模型。因为该模型可能会在多所学校间被大规模推广，因此，我们需要从各个角度审视你所选择的活动或干预措施，以防止浪费相关人士的时间及精力。如果你在学校、系或专业学习社区这类级别工作，我们也鼓励你了解这些工具和视角，尽管它们不是强制性的。我们完全明白，你需要尽早（而不是更晚）地实现一些目标，而且可以一边执行一边调整。**拖延的时间越长，就越可能完全停止。**在这种情况下，请从步骤2.3中获取灵感和其他注意事项，然后跳转到步骤2.4。

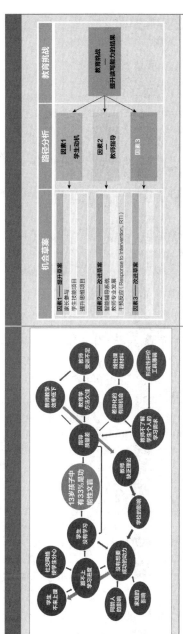

你为当前的情况建立了一个因果模型来解释你的教育挑战的关键连接。其中包含着许多会影响气泡。

然后你开发出一个长列表，列出所有可能与各种影响泡泡产生作用的潜在机会草案，以消除或逆转它们的影响。

机会草案	影响的证据1-5（5=强有力的证据）	可复制的难易程度1-5（5=很容易）	当地执行的能力1-5（5=能力很强）	执行的花费1-5（5=低成本）	总体得分
智能辅导系统	5	3.5	2	3	13.5/25
按教案教授课程	5	2.5	1	4	12.5/25

然后你使用相关的标准对机会草案进行评分和排名，以在最广泛的影响气泡中识别那些最有潜力的影响。最有潜力的机会草案是现在你的计划逻辑模型中被转化为你的活动和利益相关者、资源、假设和输出的东西。

图表2.11

重述方案前的关键步骤

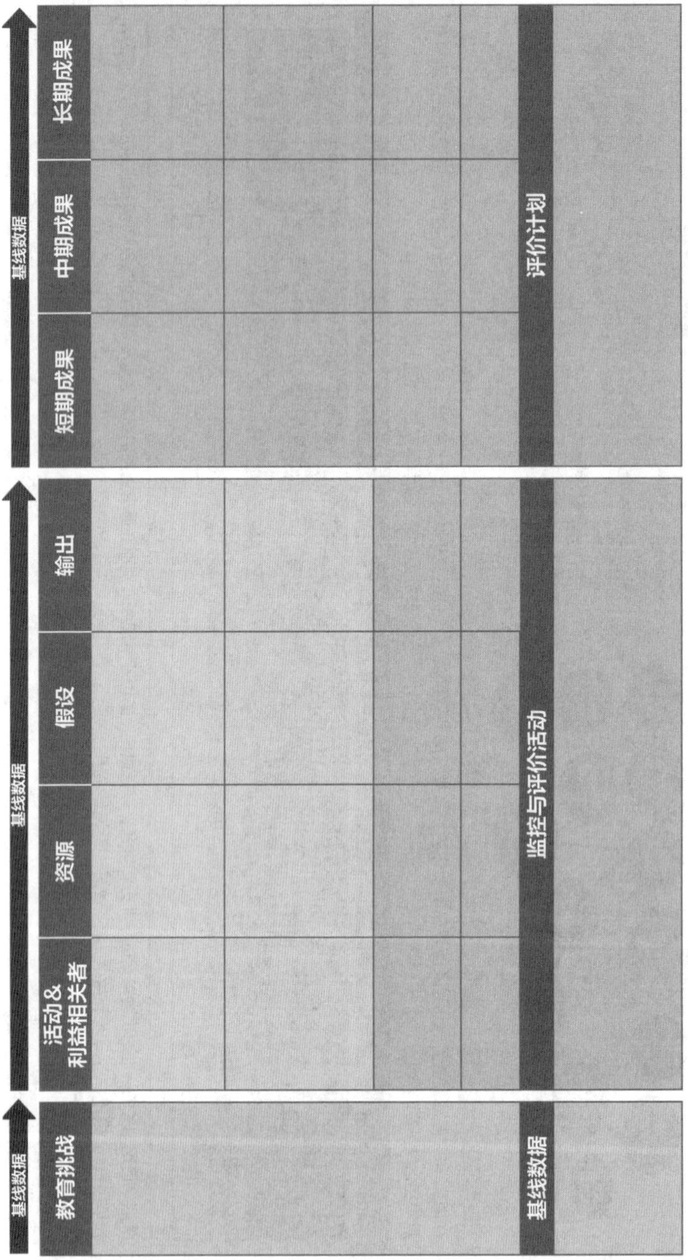

图表2.12

计划逻辑模型空白模板

来源：版权所有©认知教育（Cognition Education 2022）。

	基线数据		基线数据		基线数据		
教育挑战	活动&利益相关者	资源	假设	输出	短期成果	中期成果	长期成果
我们学生的识字率远远低于全国平均水平。 农村不成比例（74%）SES不成比例的低（83%） — 32%没有实现目标，减少了5%或少于41%没有实现目标，减少了5%～15% 27%没有实现目标，增加了25%	干预反应计划，为优先级别的学生提供分类的和有针对性的支持	• 干预反应项目材料 • 外部培训专家	1.项目将转移至我们的语境 2.教师将有能力去执行	1.完成教师培训			
	智能辅导系统为所有学生提供人工私人教学	• 软件平台 • 时间表上有每周90分钟的访问时间	1.所有学生将会使用平台 2.对系统的使用将会创造改进识字率的成果	1.获得平台 2.学生登录平台 3.学生归纳			
基线数据	监控与评价活动				评价计划		
13岁孩子中有33%是功能性文盲							

图表2.13

部分完成的计划逻辑模型

来源： 版权所有©认知教育（Cognition Education 2022）。

2.3 对逻辑模型进行压力测试

在将时间浪费在无效活动之前，从各个角度审视你所选择的活动或
干预措施非常重要。

钻兔子洞

尽管计划逻辑模型可以帮助你构建老鼠该如何与羽毛、奶酪、绳子和猫交互作用的大略示意图，但这还不够，还有许多细节需要研究。这些细节可能会在很大程度上影响你的鲁布·戈德堡装置，包括老鼠的类型，老鼠是否经过了训练，喂食的频率，它是否真的喜欢奶酪，水果或谷物会不会是更好的诱饵。同样的，我们也可以对装置中的其他每个环节提出相同类型的问题：菠萝的重量和大小，刀的长度和锋利度，猫的大小和颜色等。

根据我们的工作经验，我们发现，如果听天由命，仅仅是假设"哪种奶酪或老鼠都行"，并且不考虑哪一步该最先进行（老鼠或菠萝），将会造成很大的风险，你将失去对计划逻辑模型的控制，可能无法使初始能量转化为对模型中其他链接和部件的积极影响。

逻辑模型中的每一项潜在活动或干预都可以被调整。以下是一些常用的调整角度：

- 剂量（我们该给多少"药物"？）

- 间隔时间（在每次"注射"后，我们该隔多久？）

- 目标受众（我们要"治疗"的是谁？）

- 执行小组（谁负责执行？）

• **忠诚性**（在各地执行既定的治疗方式，允许多大的自由度？）

其他草案的调整角度取决于你计划实施的特定活动或干预措施（即它们是针对于特定方案的）。例如，如果你选择智能辅导系统来纠正儿童的识字率，则其他的调整角度包括：

• 该选择众多系统中的哪一个？

• 需要强制人们使用系统还是自愿选用？

• 该系统是只针对有困难的学生还是针对所有学习者？

• 是否要向父母们简单介绍该系统，甚至邀请他们共同激活账号？

• 要在家里和/或学校使用吗？

• 这是一个独立的单机系统，或者也可以被用作课堂上的小组教学？

• 教师是否会用系统中的形成性评价数据来加强课堂教学？

• 校领导是否会使用基线评价数据作为问责工具（秘密甚至公开）以评价教师的工作表现？

• 是否允许学生在手机上访问系统，或仅限平板电脑和台式机？

• 是否会监测学生的使用？

• 针对那些使用未达要求或过度使用的学生，是否需要一些惩罚或奖励？

我们将这些考虑事项称为设计特点。对于每个设计特点，都有多个设置级别。一些设计特点可以完全关闭或设置为零。对于所有的活跃的特征，有几个不同的位置（即设置水平）可以设置到表盘。在我们的工作中，我们发现，明确地映射所有潜在的设计特点和设置水平，并使用这些信息谨慎选择出最优的一个是很有用的。如果不这样做，可能会有把菠萝、猫和羽毛随意混合的风险，而没有仔细考虑如何更仔细地选择和排序它们，并产生更深刻的影响。

在图表2.14中，我们将说明如何为每个机会草案绘制设计特点和设置水平。

图表2.14中的映射表只是一个工作过的示例。对于一般的活动或干预，可能会有25个或更多的设计特点值得考虑。一旦你确定了它们，那么首要的问题是，是否要打开或关闭它们，是否要将它们留给当地去判断，或是否选择并锁定特定的设置水平。

还有第二个层次的复杂性。对于你决定激活并锁定的每个设计特点，可能有10个或更多的设置水平供你选择。这意味着，可能有250个或更多的不同的设置，你可以移动各种表盘（即25+表盘 × 10+每个表盘上的设置位置）。这只是一次干预！如果你决定将智能辅导与成长思维计划、干预反应和教师专业发展相结合，那么同样也会有许多设计特点和设置水平！

不久的某一天，我们将有望通过沃森机器人（IBM Watson）或数学搜索引擎（WolframAlpha）这样的软件来运行所有这些选项，以帮助我们识别和选择看似无穷无尽的设计选项和设置水平。在此之前，你必须尽可能多地考虑设计特点的选择和交互。即使是看似微不足道的细节，例如让学生从他们的个人智能手机设备上访问智能辅导系统，也可能产生意想不到的影响——屏幕太小，无法查看内容或输入他们的回答，并且，抖音上的韩国流行音乐视频也一直在分散他们的注意力。

在我们的工作中，我们发现，那些计划设计师通常只在高层次的计划逻辑模型上工作——也就是说，同意将有老鼠、猫、奶酪和工业外观的机器与它们相连接。他们从来没有弄清楚，所有这些特征是否都是必需的，它们的连接顺序是否正确，以及它实际上应该是一只小猫而不是猫。

	设计特点1：我们选择哪一个系统？	设计特点2：是强制性的吗？	设计特点3：硬件设施	设计特点4：家长参与	设计特点5：用量
			活动：智能辅导系统		
设置水平1	辅导系统A	对所有同学都是强制的	学生自己的（任何）设备	不需要（所有的作业或学习任务都在学校做完）	留给学校决定
设置水平2	辅导系统B	对所有学生都可选择的	学生自己的设备（只要非手机类设备）	不需要（但在家和学校需要）	每周最少60分钟
设置水平3	辅导系统C	对落后的同学来说是强制的，对其他同学来说是可选择的	学校的平板	家长信箱	每周最多90分钟，最少60分钟
设置水平4	辅导系统D		混合使用	家长简报会	
设置水平5	辅导系统E			给家长打电话	
			分析		
	平台E在本地其他的学校有被应用。而且员工表现积极，评价数据有力且独立	如果有选择的，那么没有人会认真对待。如果只对落后的学生强制使用，那么会有一种耻辱感	我们不确定系统一定会创造多大的不同。混合使用各种设备吧，看看会发生什么	告知父母可能是有帮助的。把要知会家长的内容放进家长信箱，看看家长是否需要看更多的信息	全球研究显示每周90分钟，每次30分钟，一周三次，是比较乐观的
			结论		
	平台E	对所有学生强制使用	混合使用设备	家长通信	90分钟，共分为三次

图表2.14
设计特点和设置水平

来源： 改编自汉密尔顿和哈蒂（2022）。

我们要告诉你的是，执行经常失败的关键原因之一是，这些微小特点中的每一个都是随机的，被认为是不重要的细节。当然，失败的另一个原因是在这上面花费了太多的时间，你最终陷入了分析瘫痪！这就是最优停止考虑是如此重要的原因。在某种程度上，你需要判断，什么时候该遵循猫王（Elvis）的至理名言：请少一点对话，多一点行动。

然而，即使你只花了相对较少的时间在兔子洞中，映射（至少部分）各种设计特点和设置级别的好处之一是，如果在执行和评价期间你不满意影响力的程度，你可以返回映射测绘之处，确定可以迭代设计的某些方面以提高整体效果。随后，你可能决定激活或停用特定的设计特点，或者逐步调整已激活的特征的设置水平。

> 我们还发现，把设计特点和设置水平看作你过去在老式高保真音乐中心和音效工作室中看到的图形均衡器平台，是很有帮助的。图表2.15展示了我们的想法。这个想法是，你仔细考虑每个滑块的"最佳"位置，并在开始执行（D3）阶段之前就明确锁定这些设置水平。

像屹耳一样思考

很多事情在纸面上看起来都很好。事实上，把那些事情用漂亮的字体和颜色打印出来并插入图标和信息图表的过程，往往会给那些头脑简单的人带来他们不配拥有的权威或合法性。你使用本书中的5D教学影响力时，可能会使用我们的模板工具，这是有风险的。你（一开始）会被页面上的文字所诱惑，（很长时间后）会惊讶于你的主动性在裂缝中瓦解。

你可能知道或听说过的艾伦·亚历山大·米尔恩（A. A. Milne）的《小

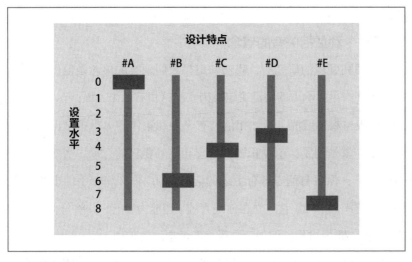

图表2.15
图形均衡器

熊维尼》（*Winnie-the-Pooh*）。其中有一个角色，是一头毛茸茸的灰色驴子，名叫屹耳（Eeyore），以悲观主义闻名。他总是预料到坏事会发生，还提前想象它们。

不幸的是，他也坚忍地接受发生的一切，从不（通常）试图阻止要发生的事情。我们现在想让你（有点）像屹耳那样思考。在你开始忙着执行你的华丽设计之前，如果你花时间去探索所有你将要做的事情可能会出现的严重错误，这会对你有所帮助。但不像屹耳那样，你不需要坚忍地接受这些即将到来的厄运。你去预想可能会发生的坏事情是为了先发制人，并在计划逻辑模型中**构建缓解和应急措施**——以减少，甚至是把"风险"设计出来。

为了让你的思维像屹耳那样运作，这里有一些不同类型的执行风险供你考虑。

屹耳1：利益相关者的信念

从一系列领域的研究中，我们知道，人们现有的信念是他们未来集体行动是否会产生影响力的关键决定性因素。这里有两个方面：

• **自我与集体效能。**当你相信你有个人和集体的力量去做出改变的时候，通常你就做到了！这种积极的信念会驱动积极的行动。当然，在以下这些情况下，**你更有信心持有上述的信念：**（1）你即将着手的事情在你现有的能力范围内；（2）它建立在你现有的"超能力"上，并将延伸你的"超能力"，而不是要求你，例如，一夜之间学会阿拉伯语。

提示：你需要确保，你的计划逻辑模型是基于"理想的难度"的（比约克，1994），它建立在你团队现有的能力上，并且考虑到时间、支持和团队成员可能喜欢掉进的一些空头陷阱，并在这一过程中学习。

• **世界观。**我们都有一个关于人性的内隐理论，什么是生活中重要的，什么是好的教育家。即使我们不能有意识地表达这些想法，它们也在潜移默化地推动着我们的行动。例如，在一些工作中，我们与希望执行照本宣科的教学法的校领导进行了接触。虽然这些类型的干预有一个强有力的证据基础（当然，这取决于你想要达到的具体目的），但有经验的教师通常不会把自己视为读剧本的演员。因此，他们的世界观中对于教学和执行自己专业能力的想法与干预的哲学是不一致的。我们所有人，当被要求做一件我们并不相信的事情时，要么勉强答应，要么（也许）甚至会在别人划船离开时，还试着给船的一侧钻几个洞。

提示：你需要选择与你团队现有的思维框架步调一致的行动，以避免发生不和谐的声音，或及时进行积极的参与，建立桥梁，并分享彼此的想法（即论题—反题—综合）。

请注意，人们现有的信念与我们要求他们的行动不一致，面对这一问题有两种截然相反的观点，我们在图表2.16中对此进行了说明。理论1表明，我们需要花大量的时间来接触那些先前的信念，让利益相关者相信他们是错误的（或达成某种妥协的观点），并在他们继续采用原先的想法和执行之前获得他们的认可。在一般的商业改进文本中，这是一个常见的视角：日本人称之为（根回し）"Nemawashi"，翻译过来大致就是"奠定基础"。理论2表明，眼见为实——我们大多数人并不轻易被对话和数据说服：通过揭示出不同视角的差异，我们可能会无意中鼓励人们进一步沉浸在他们原有的思维框架中（即"逆火效应"）。理论2同时阐释了，只有在我们将新的方法付诸实践，并亲眼看到其带了的积极影响后，我们才会认同它。换句话说，**行为的改变及其影响力是第一位的，信念的改变是第二位的。**

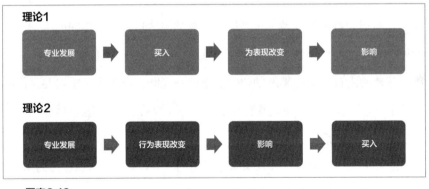

图表2.16
理论1与理论2

来源： 版权所有©认知教育（Cognition Education 2022）。

针对这两种不同理论对信念与行动关系的研究仍在进行。最近的一项涉及学生的研究表明，最初任务的成功（即影响力）通常会引领并激发继续投入更多时间和精力的动机（辛哈&卡普尔，2021）。这为理论2提供了支持。

在可见的教学影响力背景下，我们提供以下指导。如果对你正在寻求买入执行的项目不太认同，但有（a）极其有力的证据表明，它在与你的方法所处类似的环境中是有效的，并（b）可以通过投资相对较低的培训来学习和/或获得令人满意的新方法，那么你可以选择理论2的方法。你忽略这些噪音，继续强制执行下去。

屼耳2：动机

通过刻意练习与精英表现的研究，我们得知，在所有的行业和职业中，要想在像教学这样的技术复杂的领域中达到精通的水平，需要10年或大约10,000个小时的努力练习。我们还知道，在职业生涯的早期，教育工作者往往更有动力这样做，也更容易在以后进入平稳期。因此，你可能会发现，如果你期望利益相关者做一些与他们现在掌握的技能完全不同的事情，那些处在职业生涯早期的人可能会更为开放。相比之下，更成熟的教师可能需要额外的支持和动力来鼓励他们实现这一飞跃。或者你可能需要在你的干预中设计一些特点，使其能够在没有这种飞跃的情况下仍然有效。

屼耳3：分歧

这是关于改变的数量以及实现它所需的（个人的）时间和努力的水平。如果你向现有流程中引入一个新的步骤（例如，抛接一个额外的球），执行摩擦可能会更低。然而，如果你期望利益相关者很快学会抛接5个额外的球，或者从抛接杂要转变为"装饰蛋糕"，那么摩擦的程度可能会更高。

屹耳4：维持

我们中的许多人都会在新年下定减肥或健身的决心。然而，研究告诉我们，大约80%的成功节食者会在5年内恢复到以前的体重（或变得更重）。如果像观察我们吃什么这样简单的事情都如此困难，你就需要考虑，你要求或期望利益相关者做的事情是容易维持，还是难以维持。你可能还需要考虑，你可以在计划逻辑模型中构建什么样的持续支持措施，以使每个人都保持良好的状态。

屹耳5：突变

迪伦·威廉认为，**通过专业发展，让教师接受新理念相对容易，最难的部分是让他们停止做之前做的事情**。对我们来说，这意义深远。通常，"新方法"被设计成精确的执行——就像我们在导读中讨论的插入医疗静脉注射管一样。有一些非常有效的方法可以显著降低细菌感染的可能性。然而，很多很多的导管感染仍然发生：原因是医疗从业者并不总是严格遵守培训或协议。他们有时会改编，偷工减料以提高效率，或者把之前的实践与新培训相结合。

在执行新的教育措施时，我们经常会看到同样的挑战。在分析从"传统"教学法到"进步"教学法的转变时，拉里·库班得出的结论是，很少有教师能真正地从一种"方法"过渡到另一种"方法"。更常见的情况是，教育者挑选他们喜欢的部分，并将它们与现有的项目融合在一起。

在对计划逻辑模型进行压力测试时，你需要考虑执行的忠诚度是否重要，以及你可以忍受和接受的突变程度。如果忠诚度非常关键，那么你需要建立一个支撑的基础设施，以确保在执行中，发生在教室里的项目不会最终成为粗糙的模仿，而是与最初的项目很相似（即一份又一份的复印件）。

屹耳6：电压降落

当19世纪伟大的工业家们在陆地上铺设电缆来传输电力时，他们很快就发现，经过远距离传输，电压会下降或消失。当大规模执行新举措（例如跨多个学校）时，例如，一个常见的挑战是最初的"电压"过低。也就是说，电压原本的强度足以"供电"一到两所学校，但当你试图将50所学校都连接到同一"电网"时，那么传输的电力就太低了。

因此，如果你计划大规模执行某个计划，你需要考虑如何提高电流，或者是否可以接受较低水平的电流，因为你支持越来越多的地区采用你的计划。同样的想法也适用于一个学校之内。也许你的计划逻辑模型设想培训一小群"探路者"教师，然后假定他们将在没有电压降低的情况下"传递"给他们的同事。

屹耳7：副作用

当你从药房买药时，通常药盒里会放上印有小字的说明书。说明书的关键元素之一通常是一份清单，列出了服用药物可能产生的所有已知副作用，以及如果出现这些副作用，你应该做什么。众所周知，有时治疗可能比疾病本身更糟糕，这在医学上是公认的。

赵勇将同样的副作用概念应用到教育干预中，指出每一个机会都有潜在的成本。例如，基于问题的学习可能会提高学生的创造力、参与度和出勤率，但其副作用是整体学习速度会变慢，不经意间可能会强化误解，学生可能不会接触到他们发展高级学科知识所需的关键的桥接概念。直接指导也是如此。直接指导可能会提高学习效率，并确保内容被适当地排序和分阶段地传授。然而，它也可能带来无聊和扼杀创造力的副作用。

你需要考虑，你的干预措施可能会产生什么样的潜在副作用。这些副作用是否可以被接受，是否需要采取反制措施。在医学上，医生的反应通常是（a）确定一种副作用更容易被接受的不同的治疗方法，或者（b）针对副作用开额外的干预处方（例如，a药让我感到恶心，所以我也吃抗呕药）。

屹耳思维如何起到帮助

你可以使用这种屹耳思维确定在实现计划逻辑模型时可能出错的所有事情，并且制定出缓解措施。你还可以使用我们在步骤2.2中介绍的风暴技术来"扮演"逻辑模型的执行步骤，特别是从涉众反应的角度来看。有了这个技巧，你就可以把厌恶、误解，还有成群的村民拿着燃烧的干草叉往下走的场景表演出来。当然，你这样做是为了制定缓解措施和对策，然后再考虑这些措施是否足够强大以便阻止屹耳们陷入困境。

你可以使用图表2.17来绘制所有这些屹耳思维。在第一栏描述风险。在第二和第三栏中将风险发生的概率和影响的严重程度进行排序。在最后一栏中概述你相应的缓解措施。

假设你仔细地对你喜欢的计划逻辑模型进行压力测试（我们真的认为你应该这样做），那么你可能会发现许多你原本会掉入的空头陷阱，和很多可能减少执行阻碍的改进措施。这个想法是，你绕一圈后再绕回来，然后调整你最初的计划逻辑模型，把所有的这些学习内容都结合起来。

2.4 设置最优停止时间

我们相信你已经注意到了，一天有24小时。而非26或37小时。你也会注意到，并不是所有的时间都可以用来提高你的教育挑战。首先，你需要

次序	风险描述（或԰耳）	利益相关者	可能性（L）1-5	严峻性（S）1-5	影响 L×5	缓解措施
1	项目设计要求教师记录他们的课程和分享视频。这样常常不会做他们可能会非常不舒服。我们将其或者会将其理解为责任而不是改进的主动性	教师	4	3	12	• 使用专业的视频采集平台，这样教师就可以控制何时以及分享视频的对象 • 以身作则。高级领导团队（SLT）将拍摄一个范例课程，并在影片俱乐部的活动中分享视频以供回顾
2	我们将通过第三方培训项目为干预反应的教师提供专业的教育发展。我们的工作者可能不会参与进来，因为这立并不是他们建立的，而是在海外开发的	教师	5	5	20	• 让指定的教师[意见领袖]对附近正在使用这程序的其他学校进行考察访问。然后他们向整个教学机构报告他们的发现 • 考虑材料本土化的选择（例如，与我们的教师举办研讨会，对材料进行修改，特别是关键术语及与组织愿景的联系）
3	项目设计涉及所有学生使用智能辅导系统。他们可能并不想参与	学生	4	3	12	• 一开始就可以选择全面测试系统，并让开拓者议论和购买 • 让用户推荐该项目，然后发布顶级用户的排行榜，并给他们的学校积分 • 在给家长的报告卡中包括每位学生的使用排名

图表2.17
降低计划逻辑模型风险的措施

来源：改编自汉密尔顿和哈蒂（2021）。

保证8小时的睡眠。你可能也想拥有工作之外的生活。在你的工作日里，毫无疑问还有无数的日常事务、预先就存在的特殊事项，以及偶尔的一些临时救火工作。我们还没有遇到过每天有一两个小时的时间发呆，或者有空闲时间等待被填满的教育家，事实上，当我们查看国际教学调查（TALIS）的比较数据时，很明显，无论你在世界上的哪个地方，你很可能已经在长时间地疲劳工作了。

因此，在你开始进行新的教育挑战之前，你必须评价你已经在进行的所有其他特殊项目。你需要这样做，找到一些可以停下来的项目，这样，你就可以将时间重新分配到这个新的和更紧迫的议程之中。在图表2.18中，我们提供了一个四列工具，你可以使用它来支持这项审查。

你可能认为这个过程很极端。是的，的确如此。意义是让你思考所有的优先事项，以及你手上拥有的、表明它们值得继续而无须被扔掉。如果你采取了一种强硬的方法，那么你只会继续执行图表2.18第4列中的项目而丢弃其他所有项目。然而，作为绝对的最小值，我们提出了二换一的规则。换句话说，对于你提议开始的每一个改变计划，找到两个你打算停止的、有相似时间规划的计划。

我们现有的所有项目	有系统评价数据的项目	有真实的积极的评价数据的项目	仍需激励的积极的项目
在这一栏中，列出所有你正在进行的特殊项目的内容	此处你可以缩小范围至你花费心思系统收集数据的项目上。如果你还没有建立评价议程，你首先要做的很可能是不值得你花费时间的忙碌；**我们建议你假设，任何你没有正在评价的事项都没有影响力**	现在，进一步缩小范围至你系统评价的项目和数据展示出很强回报的项目上。在其他地方，我们建议使用效应量统计。如果你项目开始前/后的评价没有显示至少 d = 0.40 的收益，那么要仔细考虑是否值得继续	在产生深远影响的积极项目中，有多少项目仍然需要集中支持才能继续进行？可能许多变化已经根深蒂固并持续下去了，或者最初的需求已经不存在了。将仍然需要持续/骨干团队监督的项目放在这里

图表2.18
对停止的审查

　　当然，我们也认识到，要停下来是非常困难的。有一系列的认知偏见似乎会让我们继续做那些本应停止的事情。这些偏见让我们很难说"不！够了就是够了"。我们在图表2.19中列出了一些。

　　显然，放弃执行和执行一样困难。人们会对他们所从事的工作产生情感上的依恋——对他们付出的努力和长时间投入的依恋。没有人愿意承认

认知偏差	描述	主要文献
乐观偏见	对成功的可能性过于乐观，而不制订应急计划/缓解措施（例如，"我相信它是有效的，我们需要继续下去。否则，我们为什么要开始呢？"）	萨罗特（2011）
计划继续偏见	没有意识到原来的方案/设计已经不适用了，没有适应变化的情况（例如，"我知道房子着火了，但我们还是要开家长会。"）	希斯（1995）
沉没成本谬误	即使数据显示缺乏影响，也要继续执行：因为已经投入了如此多的时间、精力和金钱，得出"所有这些都是徒劳的"这样的结论是非常令人沮丧的，表演必须继续	阿克斯和布卢默（1985）

认知偏差	描述	主要文献
逸闻偏见	把逸闻证据视为与更严格的评价协议具有同等的价值（例如，"每个人都喜欢它，所以我们应该继续。"）	吉普森和齐尔曼（1994）
持续影响效应保守主义的偏见确认偏差	坚持对干预效果的先验信念，即使是在系统收集的数据与错误信息的先验信念相矛盾的情况下（例如，"我不在乎数据说什么。我知道我能看到和感觉到什么。我相信它是有效的！"）	尼克森（1998）
预期偏差观察期望效应	评价者倾向于相信、收集和发布符合他们之前预期的数据，并以怀疑的态度对待相反的数据（例如，"数据看起来不那么乐观。他们肯定错了。我会把它们删掉，专注于两件积极的逸闻。"）	罗森塔尔（1966）
鸵鸟效应	避免监测/收集可能引起心理不适的数据。最初这一概念出现在金融部门，投资者在市场低迷时停止对他们的投资组合进行监控（例如，"这看起来不太好。我们还是停止收集数据吧。看它太痛苦了。不过我们会继续推进这项计划。如果我们停止，人们会不高兴的。"）	夏莱和萨德（2006）

图表2.19
认知偏见列表

来源：改编自哈蒂和汉密尔顿（2020a）。

他们所做的一切都是毫无意义的。所以，实际上你需要一个放弃执行的策略，这也需要面对我们在步骤2.3中展示的7种屹耳思维。

因此，我们建议你将你的计划逻辑模型分成两半，其中50%的内容或工作包用于执行新议程，50%用于当前分解的计划。这就是为什么我们已经介绍的计划逻辑模型有一半用不同的颜色：一半用于开始，一半用于停止！我们在图表2.20和图表2.21中对此进行了说明。

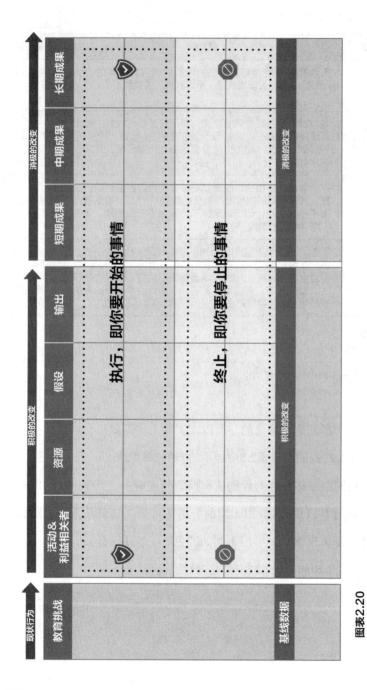

图表2.20
计划逻辑模型——停止和开始

现状行为	积极的改变				消极的改变		
教育挑战	活动&利益相关者	资源	假设	输出	短期成果	中期成果	长期成果
我们学生的识字率远远低于全国平均水平。	干预反应计划，为优先级的学生提供分类的和所有针对性的支持	• 干预反应项目材料 • 外部培训专家	1. 项目将转移至我们的语境 2. 教师将有能力去执行	1. 完成教师培训			
	智能辅导系统为所有学生提供AI私人教学	• 软件平台 • 时间表上有每周90分钟的访问时间	1. 所有学生将用平台 2. 对系统的使用将会创造改进识字率的成果	1. 获得平台 2. 学生登录分配 3. 学生归纳			
	停止：学习风格教师专业发展项目	• 关于我们为什么停止和要开始什么的简会	1. 项目是缺少效率的 2. 最好把时间花在干预反应上	1. 教师每周有额外的两小时 2. 时间转而花在干预反应上			
	停止：学生课程辅助项目	• 副校长和家长及学生进行交流	1. 一个没有证据证明存在的"快乐项目" 2. 利益相关者会取消该项目的	1. 学生每周有额外的3小时 2. 为教师节省了1小时			
基线数据	监控与评价活动				评价计划		
13岁孩子中有33%是功能性文盲							

图表2.21
计划逻辑模型

来源： 版权所有©认知教育（Cognition Education 2022）。

2.5 建立项目监控与评价计划

> **小贴士：** 本节内容较长，需要集中注意力。建议先休息一下，再继续向下推进！

不要跳过这个章节。如果你跳过了，那么你没有正确执行5D教学影响力。

当长跑运动员为马拉松比赛训练时，他们心中有一个距离目标：要成功跑出26英里385码（约42.195千米）。他们通常也有一个时间目标——例如，目前的速度记录是2个多小时。一般来说，他们不会只是当天到场，然后现场即兴表演。专业的跑者会和教练一起训练，为比赛做准备。教练使用一系列工具来衡量（即评价）跑步者当前的表现，包括秒表、心率监视器、体重秤，甚至AI智能视频分析来评价姿势、技术和步态。然后教练和跑步者在训练中使用这些数据来决定训练策略是否有效以及下一步该做什么。你可能决定保持现状，或者换双鞋，调整步幅，摄入更多蛋白质，或者做一系列其他的调整。但一旦做出了改变，就会再次使用测量工具进行更多的评价和更多的迭代变化，直到跑步者（希望是这样）能够在期望的时间内完成跑步。

同样的原则也适用于决定谁赢得了比赛的评价规则。作为一个思想实验，假设发令枪已经打响，而与此同时，世界田联（全球管理体育运动的机构）仍在讨论规则，仍在决定获胜的要素。进一步想象一下，一些委员会成员认为关键的衡量标准是速度（例如，谁先通过终点线），而另一些人则认为，应该根据公认的技术标准来衡量运动员的表现（例如，谁拥有最好的跑步步态）。还有一些人则建议根据运动员穿的鞋、社会背景或腿的长度来加减分数。虽然这是一个很好的辩论，但它在发令枪打响之前就发生了（而且已经发生了）。在比赛开始后，没有哪个比赛组织者还会考虑进行辩论。这是（字面上的）移动目标点位。

然而，在我们与学校的合作中，我们看到这种思想实验是真实的。其中包括一些我们应警惕的可怕事项：

1.从不评价。是的，这件事确有发生且频发。在疯狂地急于在起步阶段取得主动性的过程中，每个人都忘记了定义成功的意义，忘记了对如何衡量成功达成一致，也忘记了如果收集到的数据不乐观，他们会怎么做。

启示：除非你系统地评价，否则你不知道你是否已经产生了有意义的影响，或者将如何进一步发展。

2.使用错误的评价工具。跑步教练他们的评价工具中往往不会包括水压计：已知体育场管道的压力无助于让运动员跑得更快。同样，如果有办法，医护人员也不再使用水银温度计。诚然，体温是一种有用的健康指标，但目前人们更倾向于使用更准确、更不容易溢出有毒物质的数字设备。

启示：你需要合适的工具来做合适的工作。仔细选择你的（评价）占卜棒，注意任何潜在的副作用（如渗汞）或不正当的激励，特别是如果它们与问责制或绩效评价有关。

3.没有执行达成一致的评价计划。在这里，计划被创建，并且（有时）会达到一个非常高的标准，但它被困在抽签中，没有人要求测量评价——

而恐惧在于，他们不会喜欢他们看到的评价。这与一种被称为"鸵鸟效应"的认知偏差有关，我们之前讨论过："鸵鸟效应"是把你的头埋在沙子里，以避免看到令人不安的数据的行为。

启示：你得执行计划并观察数据。把你的头从沙子里拿出来。

4.在执行之前、之中、之后不进行测量。减重101：称量体重，并进行基准读数。执行你的减肥策略。再回到体重秤上。再执行更多计划，有变化地执行。再回到体重秤上，如此往复。

启示：除非你有规律地测量，并采取最初的基准价值，否则，你没有办法判断你的成功。

5.仅挑选你想看到的数据。这可能是最严重的错误：你已经建立了一个健全的评价计划，并且定期收集正确类型的数据。但你没有使用数据来增强计划逻辑模型和影响力，而是继续做同样的旧事情。相反，你把精力放在挖掘数据上，寻找一些变得更好的偶然因素——即使它与你最初的教育挑战无关（例如，"我们女孩识字项目对提高男孩的计算能力产生了巨大影响"）。

启示：你需要使用评价数据来进行评价。关键是要变得更好。你最初的计划逻辑模型不会是完美的，甚至可能是充满错误的假设。对你来说，（快速地）面对这些问题并加以改进比浪费精力在收效甚微的行动上要好得多。

你可能想知道，为什么我们在这里写了这么多关于评价的内容。你可能也会注意到，这一章还剩余很多页。你可能对此感到困惑，因为复盘（D4）阶段是完全专注于评价的。但如果你已经完全处理了我们刚刚展示的五种可怕的评价，那么我们希望你会知道，事情的关键是在你接近执行

（D3）阶段之前，现在就面对它们。为了选择合适的工具，建立一个基线，并执行你的评价计划，首先需要做的就是建立这个计划。你需要在执行前就完成这件事。如果你在计划已经开始的时候就把评价当作事后的想法，那么你就存在一个严重的问题。我们重申：这是一个十分严重的问题。

现在你明白了，为什么你需要在这个关键时刻考虑评价——而不是推迟到以后再去想——这里有一些思维工具或透镜，可以帮助你完成这个过程。

透镜1：目的

图表2.22对监控与评价做了比较。

监控	评价
监控是查看你是否在做你计划要做的事情。当你从监控视角去思考时，你会问以下这些问题： • 我们在做计划要做的事情吗？ • 我们及时做了吗？ • 我们在预算内做事情了吗？ 监控是一个项目管理的活动，聚焦于让你的倡议向前进行。	评价是查看你做过的事情是否会对实际成果有所改善。当你从评价视角思考时，你会问以下这些问题： • 在我们的目标范围内，我们的行为改进了成果吗？ • 改进比我们预期的多还是少？ • 从中我们学到了什么，可以进一步提高我们的影响力？ 评价是一项以**改进**为重点的活动。

图表2.22
监控与评价

这两件事你都需要计划和实践。通过监控，检查你是否在做你说过要做的事情，然后再评价这些事情是否值得继续下去。太多的议程仅仅以前者来衡量影响："我们成功了！我们达成了所有里程碑，实现了所有可执行的成果。所有的培训课程都开了，所有的教师都参加了。"但就后者而言，情况并非如此："是的，我们达成了里程碑，但在学生读写能力方面并没有明显的改善。"

透镜2：评价方法

图表2.23描述了黑箱、灰箱和空白箱评价方法。

方法	描述
黑色箱子评价 它起作用吗？	在开始和结束时你都需要评价学习收获的程度。这告诉我们，无论你的干预是否产生影响，机器内部的运转就是一个黑色箱子。你的视线看不到为什么你所做的产生或不产生作用，这让确认改进的区域变得有挑战性。
灰色箱子评价 为什么我们认为它会起作用？	除了在开始、期间和之后收集成果数据以外，你还要尝试撬开机器的盖子，向里面看。你对利益相关者进行访谈，组织焦点小组，收集他们对于为什么计划成功或不成功的观点或看法。
空白箱评价 什么对谁有效，在什么环境下，在什么程度上，通过什么机制，以及如何改进？	与你使用收集到的数据的严谨性有关，包括： • 按利益相关者类别（如性别、年龄、社会地位、教师等）细分成果数据。 • 回顾在你的鲁布·戈德堡机械中的每一个连接，以及设计特点和设置水平的规划图，以识别并认同那些很有可能会增强影响力的变化。

图表2.23
黑箱、灰箱和空白箱评价方法

来源： 改编自汉密尔顿和哈蒂（2021）。

如果你在区级（或更高）水平工作，我们的建议是你要用空白箱评价方法。如果你在学校或专业学习社区水平工作，至少你要用灰箱水平的方法进行评价。我们承认黑箱评价方法，有总比没有强，而且通常的情况是，什么都没有。

透镜3：评价水平

在勾勒值得提出的评价问题类型和值得使用的工具类型方面，唐纳德·柯克帕特里克（Donald Kirkpatrick）和托马斯·格斯基（Thomas

Guskey）做了一些出色的工作。如图表2.24所示。

层级	焦点	时间范围	评价工具
1	**监控** 我们在做计划要做的事情了吗？我们是根据预期的时间线和资源水平来做的吗？	短期	• 项目计划监控 • 预算监控 • 时间最终 • 产品的可接受标准
2	**参与** 利益相关者是否积极参与改进计划？他们喜欢它吗？他们是否以预期的水平/频率参与？	短期	• 满意度调查 • 采访 • 焦点小组
3	**学习** 利益相关者（通常是教师），成功地学到有潜力增强他们集体表现的新技能/技术/方法了吗？	短期	• 组合证据一致（例如，与教学标准一致） • 课程观察 • 采访和焦点小组 • 问卷
4	**改变** 利益相关者的表现行为有明显的改变吗？他们（通常为教师）是否在精进课堂教学？	中期	• 课程观察（例如，用视频工具） • 问卷 • 结构化采访 • 自我/集体心理测验学效果
5	**影响** （L2）参与，（L3）学习和（L4）改变在目标领域实际地产生改进了吗？学生的成绩提高了吗？	长期	• 学生成绩的数据 • 学生出勤数据 • 学生的意见 • 对教师、父母、学生和领导者的结构化采访计划逻辑模型
6	**改进和持续** 我们如何能进一步增强影响力，我们又该做什么阻止倒退？	持续的	结合所有上述工具 ——为回顾和完善你的计划逻辑模型

图表2.24
评价的6个层级

透镜4：采纳的级别

在执行的早期阶段，你不太可能获得结果和影响类型的评价数据，这只是因为，执行和产生影响力之间存在时间差。但你能够收集大量的参与性数据。一个基本的方法就是询问，人们是否喜欢他们所接触到的内容。

许多培训提供者使用"快乐表"来评价他们支持的员工的满意度水平。但喜欢某样东西并不意味着它对你有好处。我们四个人都喜欢吃蛋糕，但这并不意味着，吃很多蛋糕就有益健康。有很多我们不喜欢的东西其实对我们非常有好处，而且经过反复接触，我们最终可能会喜欢上它们。

因此，我们需要超越喜爱衡量法来衡量参与度的方法。我们在图表2.25中给出了一个说明。

水平	描述
不知道	"我不知道那是什么。从没听到过。"
知道	"我模糊地知道那是什么。但我没时间参与，我也不确定那是否和我有关。我可能已经做了。"
考虑中	"我在阅读关于它的一些资料，想着把它应用在某个未来舞台上。"
首选	"我参加了研讨会，每周都留出专门的时间来练习执行。"
刻意训练	"我在尝试执行，但需要很大的认知努力来处理所有的问题，我的头疼。"
毫不费力地执行	"以前很难执行，但现在，我真的毫不费力就可以执行了。"
适应	"我已经开始调整协议，以更好地适应我所在的环境。在此之前我无法真正做到这一点，因为仅仅记住并执行这些步骤就已经非常困难了。" 注意：这种适应可能是降低疗效突变的风险
扩散	"其他一些不知道如何使用这些协议的教师加入了学校。我一直在指导他们，让他们明白为什么这些很重要，这样他们就能做到了。" 注意：传播的风险也可能是降低疗效的突变/稀释
前往下一件事	"我已经实施这个项目好几年了，并且做了一些改进，所以它更适合我们当地的环境。虽然我仍然对它感兴趣，但我已经开始寻找其他方法来应对其他更重要的教育挑战了。" 注意倒退的风险，参见我们在第五章升级阶段的讨论

图表2.25
采纳的级别

来源： 改编自霍尔和霍德（2011）及霍尔和劳克斯（1977）。

你可以通过调查、访谈、课堂观察来捕捉这一进程。虽然这不会告诉你正在执行的项目是否产生了影响，但是被采用是产生影响力的一个重要前兆。

建立监控与评价计划

现在我们已经介绍了四个关键透镜，下一个关键问题是，你要做什么让它们在你的改进计划中活跃起来。你需要从两个关键维度着手：

- 指示标（你要用什么评价工具测量？）
- 目标（在这些工具中，我们会认为什么是"好的"进展？）

指示标

毫无疑问，你已经注意到，可见的教学影响力内的一切都是极其系统的。都是关于在设计空间中寻找选项，反映出这些选项，然后再考虑哪些可能有更好的进展和改善。同样的逻辑也适用于评价指标的选择。因此，与其（随机地）选择你手头恰好有的几个工具，我们希望，你能深入思考哪些类型的工具将有助于评价你创建的特定的计划逻辑模型——当然，还要考虑到与最优停止相关的限制。

在图表2.26中，我们展示了如何记录和分析每个潜在的指标或工具，其目标是提高儿童的读写能力。你会看到我们在图中列出了以下内容：

- **潜在的指示标**。这是你可以利用的所有潜在测量工具的购物清单（例如，教育意义上的秤、秒表、血压计等）。

- **与教育挑战相关**。只有在表明与你正在努力改进的事项相关时，指示标才有用。这个项目将详细说明这一点，以再次检查所识别的工具度量的是有用的事项。

次序	潜在的指示标准	和教育挑战的联系	收集数据的难度	有效性和可靠性	反常动力	结论
1	国家读写能力评价	直接且有力。我们已经获得同意的教育挑战和学生在国家的成绩读写能力评价评价学生能力的成绩读写能力有关。	简单。我们已经有了国家读写能力测试的基础设施。	需要进一步调查。外部顾问已经将我们的内部/国家评价与等级评价联系起来，并对有效性提出了担忧（即我们可能没有测量正确的东西）。我们的挑战还包括未参加全国评价的较年轻的学习者。我们需要更早地进行筛查。	如果该措施成为学校的绩效目标，就有可能激励他们去追求达成结果。	
2	学生出勤	间接且有力。学生需要定期到学校上课，目的是要接受识字指导。	简单。我们每天收集两次出勤数据。	高有效性。对出勤挑战的直接衡量。高可靠性。不允许主观解释的二次测量。	如上所述。需要考虑对有任何利益相关者是否有任何激励，可让他们伪造考勤数据。	
3	课程观察数据	间接且有力。虽然我们的改变理论是学生没有达到他们读写能力L3的水平，因为他们不享受自己的课程，因此他们既不享受学习也不按时来学校上课。随着课程的假设设定，成绩升高，我们也会看到相学生出勤和考试成绩的相应提高。	中等。我们每年进行两次课堂观察。但目前我们还没有使用结构化的观察标准培训来增加内部评级者的可靠性。	中等有效性。我们不确定学生未来上课/没取成绩是因为他们不喜欢课程。低可靠性。目前的规则在课堂上使用可以有不同的解释。	教育工作者可能会专门为观察准备和传授他们的课程（也就是说，观察到的并不代表日常课堂实践）。	

图表2.26

评价性指示标示选择——工作案例

- **易于收集数据。**关于评价是否需要创建工具（这需要更多的时间和精力），或者它是否是你手头已有的工具，甚至可能已经使用的，并且已经获得数据的工具。

- **有效性和可靠性。**要询问，这个工具是否使用一致和准确的测量标准来测量正确的项目。

- **不正当的动机。**使用这个工具是否会产生意想不到的后果（例如，按照这样的方式执行，现状看起来得到了改进，但实质没有任何改变）?

我们的想法是权衡每一个考虑因素，然后选择适当的工具，这些工具将为你提供对计划逻辑模型有效性短期、中期和长期的观察。你想要一个能给你提供领先指标的混合型工具（例如，关于参与、学习和变化的快速数据）和滞后指标（例如，关于变化、影响、改进和可持续性的较慢数据）。

一旦你就指标达成一致，就可以在评价计划方法网格中列出评价方法的事项、为什么、何时、何地以及如何使用，如图表2.27所示。

目标

一旦你选择了你的指标，下一步就是为你的起飞值设定基准，并设定你的短期、中期和长期目标。在图表2.28中，我们概述了6种不同的方法，你可以用它们来设置目标，每一种方法都是对猜测工作的显著改进。

如果你在地区级别（或更高的级别）工作，你甚至可能要参照所有这6种方法的基准。当然，在选择目标的过程中仍然有一些"艺术"。你还需要考虑金发姑娘原则。你的目标需要有足够的挑战性，让这个目标真正值得去做，但不要太有挑战性，以免它看起来几乎不可能实现。

评价范围	指示标准	工具仪器	数据来源	频率	责任
L1：监控 L2：参与 L3：学习 L4：改变 L5：影响 L6：持续性和规模 例如： L4：改变	你选择的工具类别，以帮助回答每个评价问题 例如：学生出勤	将会被利用的特殊工具 例如：学生出勤登记	你将要创造什么类型的数据 例如：学生缺席的频率	你要什么时候做 例如：每天	谁要做这件事 例如：所有教师，在XX的监督下进行

图表2.27
评价计划方法图

顺序	方法	描述
1	相较去年的改进（％）	使用本地基准值，设置随时间增长的增量百分比。
2	同行平均水平	使用具有相似特征的来比较学校的平均表现（例如，相似的规模、生源、地理位置、教育挑战等）。
3	地区平均水平	以作比较学校在同一地区（或整个地区的平均水平）的平均表现作为长期目标。
4	国家平均水平	参照方法3，但基于一个国家/州内所有机构的平均值。
5	国际平均水平	参照方法4，但基于全球平均数据（如世界银行EduStats数据；教科文组织统计研究所；经合组织PISA等）联合国国。
6	理论最佳	使用逻辑推理来假设可能达到的最大改进。

图表2.28
目标设定的6个方法

注意：世界经济合作组织；国际学生评估项目（PISA）；联合国教科文组织
来源：改编自布里克等人（2017）。

一旦你仔细考虑并同意了现实的（但可控的）目标，你就可以使用图表2.29所示的列表。它描述了指标、仪器、基线值（即当前状态），然后是一段时间内的连续目标。

将评价锁定至计划逻辑模型中

最后一步是在计划逻辑模型中记录已获得同意的评价操作。在图表2.30中，你可以看到工具中有许多与此相关的"区域"：

- 基线数据。记录或反映你当前的状态（即体重秤上的起点）。

- 监控与评价活动。记录或反映你将使用的工具和使用频率。

- 评价计划。频率（1）借助频率，你会看到通过监控与评价行为收集的评价数据，以此决定你的行动是否需要迭代，借助频率（2）你会进行迭代（你是否会采取一种灵活的方法，随时进行细微的调整；还是让事情持续几个月收集大量或可靠的数据，然后再仔细研究更改的利弊，决定做什么）。

- 成果：这是你短期、中期和更长期的目标。这可能和透镜3水平的评价框架有关：

　○ 短期目标将更多地关注于你是否做到了你所说的（即监控你是否执行了生产过程），以及利益相关者是否参与并学到任何东西。

　○ 中期目标更有可能专注于第2级和第3级（即学习和改变）。

　○ 长期目标将我们带至第4级和第5级（即成果和迭代改进）。

请记住，你正在为执行和放弃执行设置评价计划。你计划逻辑模型的一半将集中于停止活动，以腾出时间，更好地投入达成一致的教育挑战中。因此，监控与评价是否成功也同样重要。无论你在放弃执行的过程中是否成功了，监控和成功都一样重要。

顺序	指示标准	工具仪器	基准价值	目标价值 T1	目标价值 T2	目标价值 T3	目标价值 T4
1	整体学生缺勤情况	学生出勤登记	12%缺勤	9%	7%	5%	5%
2	目标组男生（13—17岁）缺勤情况	学生出勤登记	17%缺勤	12%	10%	8%	8%
3	教师的执行情况	RTI课堂观察规则服从（%）	TBC	50%	60%	75%	90%
4	学生使用智能辅导系统的情况	系统时间记录	TBC	45%学生达到每周90分钟	55%学生每周90分钟	75%学生每周90分钟	85%学生每周90分钟
5	学生识字率	状态检测工具	66%	68%	73%	78%	88%

图表2.29

目标设定——工作案例

注意：TBC，待计算。

现状行为　　积极的改变　　消极的改变

教育挑战	活动&利益相关者	资源	假设	输出	短期成果	中期成果	长期成果
我们学生的识字率远远低于全国平均水平。	干预反应计划，为优先分类的学生提供和有针对性的支持	干预反应项目材料、外部培训师	1.项目将转移至我们的语境 2.教师将有能力去执行	1.完成教师培训	90%的教师执行了干预反应项目的方法	学生达到75%的识字率	学生达到88%的识字率
	智能辅导系统为所有学生提供AI私人教学	软件平台、时间表上有每周90分钟的访问时间	1.所有学生将会用平台 2.对系统的使用将会创造改进识字率的成果	1.获得平台 2.学生登录平台 3.学生归纳	85%的学生每周使用平台90分钟	学生达到75%的识字率	学生达到88%的识字率
	停止：学习风格教师专业发展项目	关于我们为什么停止和要开始什么的简会	1.项目的执行是低效的 2.最好把时间花在干预反应上	1.教师每周有额外的两小时 2.时间转而花在干预反应上	完全停止学习风格教师专业发展项目	学生达到75%的识字率	学生达到88%的识字率
	停止：学生课程辅助项目	副校长和家长及学生进行交流	1.没有证据证明"快乐项目"存在影响极小 2.利益相关者会接受取消该项目的提议	1.学生每周有额外的3小时 2.为教师节省了1小时	完全停止学生课程辅助项目	学生达到75%的识字率	学生达到88%的识字率

基线数据
13岁孩子中有33%是功能性文盲

监控与评价活动
1.包含里程碑、完成日期和活动负责人的项目计划，由骨干团队每周评价。
2.学生登入和使用智能辅导号系统的数据。
3.教师课程观察和干预反应方法的问卷。
4.继续使用现有的学生读写能力筛选器来跟踪中期/长期的结果。

评价计划
参见详细的评价方案。我们将进行6周的审查周期。赞助组和骨干将对收集到的数据进行审查以决定是否继续、迭代或停止。我们不会在第8个月之前停止，但我们可能会在第2个月之后对议程进行迭代。

图表2.30
计划逻辑模型中的监控与评价

来源：版权所有©认知教育（Cognition Education 2022）。

设计（D2）阶段总结

构建计划的逻辑框架

2.1 探索设计空间中的选项

2.2 建立计划逻辑模型

2.3 对逻辑模型进行压力测试

2.4 设置最优停止时间

2.5 建立项目监控与评价计划

在下一章，我们将把重点转向执行（D3）。让设计生动起来！

第三章

D3

Deliver | 执行

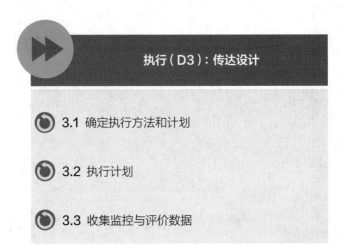

执行（D3）：传达设计

3.1 确定执行方法和计划

3.2 执行计划

3.3 收集监控与评价数据

摘要

执行，是指让正确的计划得到落实，以推进正确的教育挑战产生深刻的影响力。在发现（D1）和设计（D2）阶段中已做的事情将大大提高你在最重要的教育挑战中取得进展的可能性，你的努力是值得的，并会产生强有力的结果。

对待执行我们有一种强烈的紧迫感。在以往的章节中，我们特意使用公共健康领域的证据来说明有效执行的基本要素。事实上，大多数关于有效执行的优秀研究都来自健康领域；你可以在附录1中找到。然而，一些读者或许发现，健康和教育的相似点或多或少有些弹性，这是因为，在手术室的紧迫感可能远比在某个特定学校强得多。手术室里同样也有等级制度：外科医生发出指示，团队中的其他成员准确执行指令。否则，会危及患者的健康。教育领域中的改变通常是自愿的，担心"员工可能不喜欢"的忧虑足以在最必要的改变开始前就停止。但我们坚持认为，将医学和教育做类比，不仅恰当，而且准确。

在全球新冠疫情之前，已经有很多关于儿童教育表现不佳的长期影响的证据了。对因为疫情学校关闭而表现不好的学生，研究员进行了差别性影响研究。研究发现，数十年以来，贫困、失业和健康对教育造成的影响变得更加明显。这些因素不成比例地影响着来自较低社会经济背景的孩子，还有来自少数民族和少数文化群体的孩子。我们注意到，即使学校已经重新开放，如果不立即并深入地施加改变，超过50%的不及格率仍将导致退学危机。总体来说，这并不是一年的问题或疫情的问题，这是将会持续半个世纪的灾难。从现在开始的50年，历史书对自2020年开始的全球新冠疫情只会记录寥寥几页，但这50年，对于因为学校无能，或不愿意深刻改变而导致不及格的学生来说，影响深远。他们会面临赤贫、失业，还会对医疗保健和刑事司法系统造成负担。

如果一栋教学楼着火了，如果孩子们还在里面，这个时候就不太可能还组织小组研究，并担心果断行动不受欢迎了。相反，需要立刻撤离并呼叫火警。我们建议，实施有效的教育改进必须有同样的紧迫感，教育的成功和失败要被看作（长期的）公共健康和安全的问题。逐年增长的不及格率，增加了长期生活中发生糟糕事情不可逆转的可能性。但是，并不是一下子就能找到解决棘手的教育挑战的方法。因此，在有紧迫感的同时，还要有探索、设计和执行的系统方法，并且认真地做复盘工作。在这个问题上，我们不能果断地直接呼叫消防队。

在设计（D2）阶段，我们建立了放弃执行，且具有挑战性的关键步骤。支持在教育和其他领域做出改变的人善于告诉教师们和学校管理者们什么应该做，却很少告诉他们什么不该做，这不可避免地会导致对项目疲劳的抱怨。当用于减轻全球疫情负担的政府资金被用于新项目和计划，而这些教师没有针对新项目进行培训，日历表也没有多余的时间执行时，项目疲劳现象就更加严重了。当令人生畏的课程和产品已经被安排进课堂，还要加入新项目时，情况更是如此。

然而，执行意味着，你要（无情地）删掉缺少相关性或影响力的项目，**为真正有影响力的项目留出空间**。因此，值得执行的计划意味着要对计划做加法和减法。这意味着，必须要解决一个实际问题：停止做什么才不会让学校领导者和教师产生幻觉，认为只要把"潘格洛斯[①]式的乐观主义"和行政命令正确结合起来，教师们就可以"更聪明地工作"，奇迹就会发生。

在执行过程中，你还要时刻关注可能出现的脱轨问题。在你开发计划逻辑模型过程中，你已经辨识了这些问题，并进行了压力测试。可能出现的脱轨问题包括来自个人、文化和组织的摩擦，这些脱轨问题会阻碍计划的改进。最后，你还需要收集监控与评价数据。我们强调，即使是之前最好的证据也只能开启执行，接下来就需要系统地收集来自你的语境里的、内部的数据支持计划的执行与改进。

读过摘要，我们开启执行（D3）阶段吧！

3.1 确定执行方法和计划

在开始执行之前，你需要先陈列出来路线图。这个路线图大致勾画出你的计划逻辑模型（步骤2.2—步骤2.5），能帮你清晰地陈列出做已定事情的时间、地点、人物和原因。现在，你可能会想"在发现（D1）和设计

---

① 潘格洛斯（Pangloss），伏尔泰小说《赣第德》（*Candide*）中的人物，他是一名乐观主义的哲学家。

（D2）阶段，我们已经花了很多时间思考、规划这些事情，那现在是全力以赴去做的时刻了吧"。但在执行之前，你还要做一些重要的决定。

执行方法

为了让计划逻辑模型成为现实，你需要决定执行方法。在下方的选择篮中有三项供你选择，图表3.1也有说明。

图表3.1
执行方法选择篮

选择1：严格的

严格的方法是指，一旦你开始执行确定下来的设计和教育挑战，就不能根据琐碎的反馈进行调整或倒退。这种思维和行动方式在建筑项目中相对常见，因为任何倒退的行为都要付出巨大的代价。建筑工程开始后，如果建筑师决定把外墙由砖砌改为玻璃，就会产生大量的费用。砖砌好了，还得把它们砸了再重新铺好。因此，房地产开发商经常采用瀑布法，即在破土动工或进行任何工地开工之前，要花费大量时间进行可行性研究、场地调查和建筑设计工作。换句话说，最优停止发生得更晚，因为在绿灯放行之前，早已在发现（D1）阶段和设计（D2）阶段就研究了所有可能的选择和情景。

在教育领域，很少有这样的情况，即刚开始发生变化，事情就变得不可逆转。但这种情况仍然存在。许多年前，阿伦·汉密尔顿为英国的中学毕业生制定了国家级的资质要求。每份资格证书都是一套教学大纲和评分标准，用于评价和颁发毕业证书。每新发展出一个评价资质，就提交给政府监管机构审批。一旦获得批准，评价目标和评分系统就会在5年内不变。商业出版商将为每一本教材和教学资源提供5年的保质期。这样的做法，显然会对成千上万的学校、数万名教师和数十万儿童产生重大影响。评价会影响孩子们在学校最后两年接受的教学内容，孩子们努力学习，为高风险的评价做准备。合乎情理的是，大量的资质开发工作要在探索和设计阶段进行，因为在学校拿到教学大纲以后，调整的空间十分有限。

如果你是在系统级别上操作的，在执行之后，你正在考虑着手进行像还原一只鸡蛋般难以逆转的改变，你可能需要从更严格的角度来思考和行动。这意味着，你的执行方法会更类似于建筑领域中使用的瀑布法，最优停止将在稍后发生，因为你在执行一些难以倒退的事情。如果你是在学校工作，你的计划关系到获得支持、技术或有多年合同性质的订阅，那可能不需要这么严格，但你仍要在签字前考虑那些对资金问题的长期承诺。

选择2：流动的

与严格的方法截然相反的是，我们所说的流动的执行方法。使用该方法，你要从一个非正式的带有测试性质的想法开始，用你的直觉和本能决定下一步该做什么。软件开发人员有时会采用这种方法，使用敏捷方法和每日站立会议（Scrum）来"放飞一千只风筝"，并构建出最有效的方法。毕竟，制作、编辑或删除一段计算机代码既容易又便宜。

在流动法中，很多在可视化的学习数据库中标示过的高影响力的教学方法也会得以体现。第一步通常是教师有想要尝试些新东西的想法，从学习者获得反馈的同时不断完善、改进自己的计划。之后，专业学者撰写报告并正式进行效果测试，再然后就是项目开发人员尝试用最有力的证据衡量新的创新影响力。

如果你只是和一小组教师在一个班级里进行非正式的合作，那你只在5D框架上绘制想法和灵感，并用经验法则进行调整就可以；只要你能不断地并仔细地评价自己的影响力，那就是可以接受的。但如果你在更大的规模上尝试——例如，在整个学校或地区，则完全不建议这种基于直觉的行动。没错，你可能比系统级参与者更快选择最优停止，但你需要在每个阶段都花费一些时间。

选择3：迭代的

在中间的迭代法，不是刚性的，但也不是流动的。发现并确认了最合适的教育挑战之后，在设计空间中探索选择，并根据最有效的研究，建立或适应一个或多个高概率的干预措施，并将其与当地环境相适应。但你得承认，你并不知晓计划逻辑模型是否会成功、是否需要迭代、在开始之前是否要取消。对此，要特意设置评价性的暂停点来检查数据并决定如何继续。对我们来说，这种迭代方法是实现可见5D教学影响力的默认方法。不能进行迭代，可能是因为出现了一些原因使得迭代不能进行（例如，一旦某些原因出现，它就变得根深蒂固，几乎不可能撤回）；可能是风险较低无需迭代（例如，你在一个班级尝试一两次新方法，只是为了对反响做非正式的评价，并决定是否将其添加到议程中）；还可能是你选择的方法显然是唯一正确的，也无须进行迭代了（例如，发生火灾第一时间打电话给消防部门）。

执行方法复盘

1. 我们是否明确我们正在采取哪种执行方法?

2. 我们对这种方法有明确的理论依据吗?

3. 我们是否充分考虑了使用其他方法的风险和机遇?

4. 我们确定吗?

制订执行计划

确定了执行方法后，下一步就是制订执行计划。在教育领域之外，已经有一系列项目管理方法和工具可供选择。我们在附录1中列出了许多常见的方法，包括受控环境下的项目管理（PRINCE2）、项目管理知识体系（PMBOK）、项目管理专业人员资格认证（PMP）、瀑布法、迭代式增量软件开发过程和敏捷项目管理。这些方法之间有一些关键差异，即它们提倡的是严格的还是迭代的执行方法，这些方法本身是否可以需要解释和精选，抑或它们是否必须严格执行。

如果你在系统或地区层面工作，你会更有可能接触到获得内部专业认可的计划，或按照你选择的、达到你的组织工作标准的计划管理人员。你完全可以使用5D过程来发现和设计你的计划，然后用你喜欢的项目管理方法来执行。

然而，如果你没有内部计划和方法，项目管理知识体系是一个很好的开始。它正式记录了在项目管理中随着时间推移而变化的过程、术语和工具的范围，并且有公认的良好实践。项目管理知识体系也与严格法和迭代法兼容。你可能会发现，项目管理知识体系和其他项目管理方法编目中的一些常见工具或资产，在执行计划和实际执行中是有用的，包括图表3.2中列出的那些工具和资产。

如果你大规模地执行5D教学影响力项目（即在很多学校开展项目），倒退或超载不仅困难并且花费巨大，那你可能要使用大部分或所有这些工具来支持有效执行。你也可能会组建专门的项目办公室，办公室人员由受过专业培训和经过认证的项目管理人员组成。

如果你在学校工作，那你不太可能有机会获得这种水平的持续的专业知识。你还需要在完成任务和填写表格文件之间做正确的平衡，这些表格和文件只是进展和影响的假象。因此，在学校层面，你还需要更加有选择性，并且专注使用各种项目管理知识体系工具。

然而，在学校层面，你应该考虑使用的最基本的工具是某种形式的项目计划和重点报告。下文会对此进行讲述。

项目计划

项目计划为你提供了执行计划逻辑模型的具体路线图——也就是预期的从A到B再到C的过程。

对于更复杂的、涉及多种活动的学校计划，我们建议，你将项目计划以甘特图的形式呈现。有许多免费的在线甘特图模板，你可以下载电子表格格式，也可以使用更专业的项目管理软件，为你提供甘特图。

图表3.3介绍了甘特图的布局。你将看到这个示例项目计划只针对单个"工作包"。图中只包含了我们在第二章中介绍的计划逻辑模型的四行中的

工具	介绍
战略工具	
商业案例	概述拟议项目的价值主张。通常包括基本原理、预期好处、风险和资源需求。在5D模型中，商业案例将在发现（D1）阶段和设计（D2）阶段产生，而发起者将审查商业案例，以决定是否继续到执行阶段
项目章程	一旦商业案例获得批准，项目章程就正式授权项目，赋予骨干组织执行的权力，并规定时间、预算、可执行成果、验收标准和预期收益
路线图	重点活动的高阶时间表。该时间表用以跟踪项目，使项目不致陷入混乱
日志	
风险登记簿	它详细列出了计划执行过程中可能出错的事情，通常对影响的可能性和严重程度进行排序。风险登记簿用于规划缓解措施和应急措施，以便在风险变成实际问题之前做好准备。在5D模型中，你已经在计划逻辑模型的压力测试（步骤2.3）中识别出许多风险
问题日志	该份日志列出已经变成现实问题的风险。并详细说明了补救的行动
更新日志	在执行期间，受益者经常要求更改项目，这可能会导致项目的范围扩大。更新日志可以让你正式地记录下所有要求的改动、改动的理由和影响，以及赞助商做出的决定
经验日志	当执行计划时，你一定会掉进许多陷阱。经验日志用来记录、分享你收获的经验。
利益受益者登记簿	列出项目的所有受益者、他们的角色和职责。有时可以用利益受益者登记簿对受益者的参与水平进行分级，并将可能提高他们参与水平的因素进行分类
计划	
项目计划	项目计划是关于任务、子任务、开始和结束日期以及任务所有者的详细时间轴。骨干组织用此监控和管理执行活动。项目计划通常以甘特图的形式呈现。内容包括对多久、由谁进行复盘或更新的进程进行陈述
更新控制计划	介绍如果要求更改项目范围或需求可能会发生的事情，例如，谁会同意/决定
沟通计划	概述如何、何时、由谁以及向谁传播有关项目进展的信息
成本管理方案	解释预算成本如何监测、管理和控制的问题

工具	介绍
监控与评价计划	被监控与评价的内容，以及方法和时间表。您已在步骤2.5中进行了该项事宜
风险与问题管理计划	包括检查风险和问题的频率、由谁进行检查以及升级过程的含义
资源管理计划	包括获取和管理项目资源的方法（例如，人员、预算、时间等）
报告	
重点报告	项目进展的高级概要，按事先商定的时间定期分发给赞助者。通常包含已完成活动的细节；项目是否落后/提前；预算消耗速度；高级风险；生活问题

图表3.2
项目管理资产和工具

来源： 汉密尔顿和哈蒂（2022）。

单一行的任务和活动。在这个案例中，为了采购推出智能辅导系统，用以提升幼儿识字能力。在查看这个工作示例时，你会进一步看到，该任务已被细分为一系列任务，包括选择系统和引导系统。对于每个任务，甘特图还详细说明了子任务的范围，每个子任务都有其开始和结束日期以及操作者。甘特图的另一个好处是，你可以明了地将任务联系在一起，这样，你就可以看到必须先完成哪些任务；这被称为任务依赖或关键路径。

显然，这仅是一个案例。执行智能辅导系统完整的甘特图可能包含100个或更多的任务或子任务。做成这样的一个甘特图要花些时间进行规划、检查依赖关系和持续时间，并确认时间分配是否合理。在计划逻辑模型中，每个其他工作包也都要重复这个过程，包括决定每件事情什么时候开始，什么时候结束。

如果你是专业学习社区的一员，在这个社区中，你用更易变/基于直觉

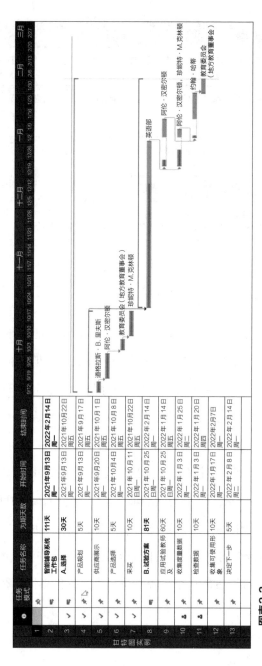

图表3.3

甘特图示例

的方法去尝试一个想法并寻求快速的反馈，那对你来说甘特图有些多余。有一个很好的替代方法是看板法，它能让你和同事不必海底捞针，就可以就关键的行动达成一致并进行跟踪。图表3.4是一个看板图，它将活动分为三类：

- 要做的事
- 正在做的事
- 做完的事

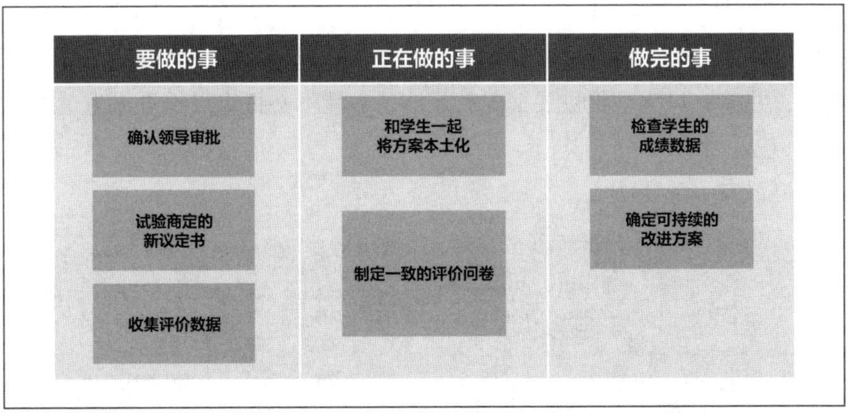

图表3.4
看板图示例

你可以在白板上画下这些活动，用便签记下关键的任务，并在三栏之间移动它们。

你会看到，在看板图中，互动的分类比较粗略，也就是说，可以推动活动进行的子任务没有呈现在表中。你能看到在便利贴角落里用小字印刷的首字母。这些标识用来标记该行动的执行者但看板方法有个缺点，它更难（但并非不可能）跟踪截止日期和任务延误情况。

重点报告

对全校的计划，非常有用的项目管理工具是重点报告。该报告将如活动进度、关键风险、问题、预算消耗率和需要升级的决策等信息总结入单个模版中。其优点在于，对于较小的项目，你可以将重点报告作为单一的集成跟踪和报告工具，并避开许多其他日志和工具。在图表3.5中对此进行了说明。

如果你和同事非正式地合作，或者通过专业的学习社区，选择一种更灵活的参与模式，那么对你们来说，每隔几天聚在一起，简短地回顾一下看板，并彼此口头汇报进展情况就足够了，就不必把重点报告作为正式报告了。

执行计划复盘

1.我们是否明确地确定了要使用的项目管理工具和过程？

2.对我们选择的项目管理方法是否有清晰的基本原理，包括它与我们提议的执行方法是否具有一致性（例如，严格法与迭代法与易变法）？

3.是否充分考虑了使用其他项目管理方法的风险和机会？

4.我们确定吗？

5.基于以上考虑，我们的执行计划是否已具有充分的细节？

整体项目状态	自上次报告以来的趋势	项目重点
黄灯	黄灯	1.已经完成专注的团队 2.已经确定一系列智能教学系统的范围 3.已经确定节省的预算

工作包：智能教学系统

红灯 黄灯 良好　　已经对可能适合的系统进行了审查。
仍在等待估价了的方案

工作包：回应干预项目？

红灯 黄灯 良好　　已选择了项目，正在进行员工培训

工作包：停止学生辅助课程项目

红灯 黄灯 良好　　来自教师、学生和一些家长的强烈反对

计划任务的延误		问题/风险	
项目描述	采取的/需要的行动（包括在适用情况下的修订日期）	项目描述/部分	评论任何应对措施或应急计划（在适用情况下的）。请说明该风险是否影响下列一项或多项范畴：财务上的、执行和影响
经过估价的智能教学系统方案；解除学生辅助课程项目	我们已经跟进、确定所有的供应商和修订日期2022.06.01问题升级	问题：推动解除辅助课程项目	执行：我们希望利用节省下来的时间
		风险：RTI项目可能无效	影响：不会提高学生的识字率。我们正在通过评价计划和指标进行监控

执行明细			
名字	珍妮特·M.克林顿博士	日期	2022.03.03
职位	执行领导者		

图表3.5

重点报告示例

3.2 执行计划

现在你真的到执行的时刻了！在确认了教育挑战、进行了路径分析、构建了计划逻辑模型、制订了监控与评价计划并精心制作了执行计划之后，你已经准备好执行了。

因此，会发生什么？我们完全不知道。只有你能知道。

你在发现（D1）阶段先前做的调查将影响所有的执行活动，并由你在设计（D2）阶段的决策决定。这可能会把你引向很多不同的方向。在一个学校或系统中，你的重点可能是招聘和留住教师。在其他条件下，重点可能会关于学生缺席、成绩比例、学生健康和幸福比例。你可能面临任何教育挑战。我们唯一坚持的是，实现教育挑战，应通过系统的检查和交叉检查，而不是通过"神奇的旅程"，把资源投入不确定的愚蠢的日程上，或没有仔细确认的干预中。

对我们来说，你的执行工作是黑匣子，在你完成5D流程的前几个阶段和步骤之前，它对你来说也是黑匣子。因此，在你的执行活动中，我们有三个普遍考虑事项。

普遍事项1：影响力的忠诚度

一个新的教育项目领导者经常会听到"成功的关键就是忠诚"，也就是按照计划设计，按部就班地执行项目。这样，责任就从程序设计师和销售人员转移到那些负责执行程序的人身上了。在执行过程中总是会有变化，压力测试的一个基本元素（步骤2.3）就是提前确定，在什么地方变化是可以接受的，在什么地方变化是不可接受的。

每个学校都有三个决策层次：教师自由决定权、教师间合作和管理者决策。当下，对学校决策普遍的刻板印象是，由于学校官员无情地管理教师活动，教师们的自行决定权已经所剩无几。但通过对同一年级、同一科目由不同教师教授的班级进行观察，我们发现了惊人的差异。这表明自由决定权仍然存在。其中，一些专业的判断力是必不可少的，例如，及时检查学生是否理解教学内容、是否应该停止和重新教学、在必要时创建小组，以及时时检查学生的需求等。

然而，这种自行决定权可能会破坏最有前途的教育实践。例如，非常有力的证据表明，学生之间对作业进行协作打分可以为学生带来一致的反馈，提高学生作业的质量，减少历史上曾出现过的弱势学生之间的差异，学生间协作打分还能加快教师的工作速度。但无论协作团队的议程设计得多么好，无论为他们分配了多少时间，也无论在教师培训上的支出有多大，许多团队都未能实现这一基本实践。

计划逻辑模型（步骤2.2）建立了因果关系；压力测试（步骤2.3）提供了执行的细节，包括对设计特点和设置水平的考虑。需要注意的是，压力测试并没有消除教师的裁量权；相反，它明确规定了自由裁量权在哪些方面有所帮助，在哪些方面会损害学生的学习和教育公平。

普遍事项2：消除障碍

任何有创新的执行都会不可避免地遇到阻力，包括来自物理、技术、组织、人际关系、文化和父母方面的障碍。创新具有的价值和证据带来的力量往往不足以消除障碍（诺格伦＆施诺特，2021）。一旦发现了障碍，骨干团队必须从两种截然不同的路径中选择一种：要么是基于情感诉求、注定失败的"买入"[理论1；要么是由内而外的变化路径，在这种变化路径中，影响力的证据优先于买入的需求（理论2）]。也许，守护创新壁垒的策略可能是有效的，但关于变革领导力的大量证据表明，这是一件愚蠢的事情。达成共识不在于口头上的呼吁，而在于影响当地呈现的证据。这表明，与关于领导力的主流观点相反，我们必须重新思考领导力与管理的二分法。我们将挑战这样一种观念：领导者有伟大的想法，而不走运的管理者只是那些执行低级任务的人，这些任务不适合有天赋的领导者。

物理阻碍

要改变的物理障碍不仅包括学校本身的建筑，还包括如何利用教室、走廊和办公室的物理空间。如我们所见，如果学校的领导想要得到公众的关注，建立私人关系，他们可以把自己的办公室变成欢迎家长的中心和会议室，把自己的桌子移到走廊上，在那里向学生致以问候，并在一个所有人都知道的、他们都可以去的地方办理非机密的事务。当领导者需要安静的时间专注于项目、人事和任务时，他们可以在图书馆或其他不受干扰的空间找一个安静的地方。当他们想要有序过渡并检查学生行为时，他们可以选择出现在走廊、餐厅、操场和其他学生聚集的地方。

对于创新来说，教室也是物理障碍。在19世纪，教室里桌子面对教师排成一排，教师总是坐在教室的前面。虽然教师书写的颜色可能从黑色变成了白色，书写工具可能从粉笔变成了键盘，但令人惊讶的是，教室的物理结构却没有变化。半个世纪的合作学习研究并没有克服大多数教室的命令与控制架构。当然也有例外，教室教具的布置和教室结构更有利于合作，但我们访问过数千间教室，在当前的疫情环境中也参观过，几乎没有证据表明，大多数教室在物理上与几个世纪前的教室有什么不同。波士顿拉丁学校是美国一所成立于1635年的最古老的公立学校。在这所学校，许多教室的课桌都被固定在地板上，17世纪教室里的物理障碍和21世纪的教室没什么不同。

我们承认，建筑本身并不能保证创新。在有些历史的校园建筑里，长期任教的教师和管理人员还记得，当年拆掉煤渣砌块的墙壁建造"开放式教室"，但多年后又被重建。拆除墙壁唯一明显的影响是，被惹怒的教师制造了更多的噪音，注意力更不集中。我们并不主张消除阻碍创新的物理障碍就能带来有效的结果，而是主张并指出，消除物理障碍会让执行过程变得不那么繁重。

技术障碍

有效执行的技术障碍不仅包括联通计算机，还包括获得网络连接和资金支持。全球新冠疫情导致学校关闭期间，购买教育技术的资金增长了近5倍，从2019年的75亿美元增至2021年的近360亿美元。然而，在没有互联网的家庭中，仅有机器几乎无法提供有意义的学习。

尽管人们普遍认为，当今的学生是数字时代的原住民，但许多学生仍缺乏基本技能，如用键盘输入、记笔记、与同学互动以及在电脑上做评价。即使学生们回到现实的学校，技术壁垒仍然存在，以学生和教师具有使用技术的技能为前提的教学创新仍然存在。即使在技术技能很高的情况下，不间断的技术访问形成了持续干扰，导致了乔治敦大学计算机科学家卡尔·纽波特所说的"过度活跃的蜂巢思维"。在这种思维中，学生和教师从一个任务跳到另一个任务，缺乏足够的注意力专注于完成真正的学习和工作。在对电脑有特殊亲密关系的麻省理工学院的大厅里，雪莉·特克曾警告说，学生必须拥有她所说的"人类时间"——用于建立深刻而持久的个人关系，不受科技的干扰。

组织障碍

执行中的组织障碍反映了学校系统的等级性质，其中包括不同的部门争夺资源、时间和可见性。我们继续观察这样的系统：对技术的责任和权力不在教学领导部门，而在商业办公室，就像在20世纪50年代，学校系统拥有一台计算机来支付工资一样。虽然专业学习计划依赖于连贯性和一致性，但我们沮丧地看到，在一些地区，要求教师参加培训计划的权力分散在人力资源、教学、领导和问责部门，每个部门都提供了各自的、有时是相互矛盾的信息。这种组织上的混乱从地区延伸到学校层面，尽管有明确的课程协调要求，但中小学之间很少或根本没有沟通。由于每个主要负责人向不同的主管汇报，并有不同的优先事项，协调的需要很快就会被每个主要负责人直接主管的需求所淹没。在学校里，有些地区的校长是名义上的教学领导，但系主任、年级领导以及其他对课程、教学和评价的非正式影响取代了校长的教学领导志向。

人际障碍

众所周知，人际障碍普遍存在，但很少被贴上领导者执行变革的标签。其中一个核心问题是，领导者无法区分怀疑论者和愤世嫉俗者，前者希望在接受变革之前看到证据，后者基于个人的便利和舒适这一主要价值反对任何变革。虽然这两种群体似乎都成了执行中的障碍，但我们的经验是，当怀疑论者受到尊重、看到实验与本地相结合的影响力证据时，他们就会支持创新。

文化障碍

有效执行的文化障碍是指个人和心理的认同问题，包括教师作为专家，家长作为孩子的第一位也是最重要的教师，领导者作为有远见的变革推动者的认同问题。教师、家长和领导者的文化背景往往是不一致的，这种差异不仅为一项创新的执行制造了障碍，而且还保持了一种"怀疑任何变化能否持续"的氛围。这本书的大多数读者成为教师的原因和作者一样——对学习抱有热爱，愿意与他人分享我们所学的知识。随着时间的推移，教师们形成了一种个人和心理认同，这种认同深深植根于他们是别人学习的专家这一来之不易的角色中。经过几十年的努力，教师们不愿意让他们的专业知识受到挑战，这是可以理解的。任何建议创新改变的意见都隐含着这样的信息：有经验的专业人士是错误的、不称职且不专业的，不是他们自认为的那么伟大的专家。

例如，道格拉斯认为学习风格理论是一种不证自明的观点，即每个孩子都可以被划分为听觉型、动觉型或视觉型学习者。当道格拉斯接受约翰收集的证据，总结出学习风格理论是没有依据的，并与世界各地的教师分享这一观点时，大家的表现就好像他暴露了牙仙子（传说牙仙子会取去幼儿脱落并放于床边的乳牙，并在原处留下一枚钱币）是骗局一样。"我一直是支持你的，"观众们在评论中写道，"但你批评了学习风格理论。我认为这理论真的，现在我仍然相信这一点。"当观点文化成为固守己见不去改变的借口时，教育者就不能声称自己是专业人士了。在一个职业中，实践标准随着新证据的出现而改变。这就是今天的医生、工程师、律师和卡车司机的执业标准与二、三十年前不同的原因。此外，他们的表现是否充分不仅仅取决于自我认知和个人满足感，而是取决于他们是否遵守普遍接受的实践标准。

家长障碍

正如教师持有的强烈文化价值观有时会阻碍有效执行一样，许多家长也是如此。他们理所当然地坚持认为自己是孩子第一位，并怀疑其他任何个人或机构是否有能力像自己一样教育他们的孩子。家长对学校和教学实践的判断受到他们自己个人经历的影响。因此，如果家长在充斥严格的命令的班级和家庭环境中成长，那么他们很可能给予自己的孩子同样的成长环境。如果家长在宽松的环境中长大，很少有规则的束缚和行为的期望，他们也可能会认为，这种方法更适合自己的孩子。

我们认为，家长对教育的兴趣当然不是一个需要克服的障碍，而是需要理解和尊重的现象。我们可以和持怀疑态度的父母讲道理，这些家长认为，他们的孩子必须为完成学业后等待着他们的现实世界做好准备。和家长讲道理，需要将家长从中学毕业时所经历的现实世界和学生今天所面对的现实世界进行比较。将这两种世界之间进行比较有一个例子，即一个广为人知的假设，即认为在大学和工作的现实世界中，学生必须在第一次就把事情做好。但通过对雇主和大学教授的研究表明，事实恰恰相反，他们希望学生不仅会犯错误，而且最重要的是，要理解和接受批评的反馈。

心理障碍

我们可以理解，学校在执行一个项目或实践时急于看到结果，但这种急于求成往往会导致恶性循环。每隔几年领导者和教师就会厌倦等待结果，然后说："这没用。我们进行下一个项目吧。"这样的做法阻碍了学校深入实施项目，导致学生很难真正取得成绩。以协作评分和非虚构写作为例，这是两种非常一致的高影响力策略，但其效果不是立竿见影的。事实上，效果可能慢得令人沮丧。当教师们第一次参与协作评分时，他们会看着同一份匿名学生的作业，努力就正确的评价达成一致意见，其间可能会经历不愉快和令人疲惫的分歧。但通过坚持和刻意的练习，在协作评分中，教师可以达到非常高的一致性——评分者之间的可靠性。但如果他们不愿忍受分歧带来的不适，他们就永远不会对能提高效率的评分议程做出必要的改进。这给学生们带来了什么？如果游戏的规则——也就是，成功的学生是什么样的——每个小时都在变化，那么学生们很快就能确定，这个游戏打分的裁判标准既不一致也不公平。这种情况下，他们就不会再玩这个游戏。

同样，在每个年级的每一门学科中都有一个非虚构写作项目，这个项目与提高成绩密切相关，也会让忙碌的教师们看到他们专业知识之外的实践价值。有的教师会说，"我教授的科目是数学，不是写作"。由于需要时间和机会来观察长期的影响，教师的耐心往往在影响被理解之前就耗尽了，应对这些挑战的态度是大幅缩短实践应用和能观察到影响之间的时间间隔。在《可见的学习（教师版）》中，有简单的指导方针，可以在短短6周内评价效果。如果领导者等待更长期的正式评价，他们可能会得到教师这样的回应，"我们试过了，但没有成功"。

领导——管理二分法

为了确定和解决执行的障碍，我们必须重新思考领导和管理之间的传统二分法。最初，在一篇著名的《哈佛商业评论》文章中阐述的传统观点是，领导者是做正确事情的远见者，而管理者负责执行愿景，并把事情做好。领导者和管理者之间更明显的属性划分包括："管理者依靠控制，领导者激发信任。""经理是复制品，领导是创始人。""经理接受现状，领导者挑战现状。"（好的教师是领导者，激发信任，好的教师是创始人，挑战

现状）

我们发现这种二分法不仅没有帮助，而且还会严重破坏严格执行变革所必需的品质。事实上，一个人如果不能成为伟大的管理者，也就不能成为伟大的领导者。领导者必须管理时间、项目和人员，所有这些都是值得这位崇高的领导者去做的平凡琐事，也是有效执行和5D框架实践的基本要素。正如本书要表明的，执行是严肃而复杂的工作，是需要集中精力和深入的工作。这意味着要有连续的时间去设计和执行有效的执行方案，同时避免对教育工作中的每个人无时无刻无休止的干扰。

执行的前提

执行的下一个障碍是未能识别执行的先决条件，例如计划逻辑模型，或简单事情复杂化的机器（步骤2.2）。即使明确了要执行的实践，领导者的无能或他不愿确定先决条件，也会破坏即使是最良好的计划的执行。来看看教师组成的协作团队使用中期评价的例子。这些团队是世界各地常见的教育实践的核心，被称为专业学习社区或有着其他名字，但这些团队的实际行为差异很大。当协作团队不能使用和学习中期评价数据时，他们就会把教学和学习分离开来，因此，除了没有证据的意见外，在会议上他们几乎没有什么可以交流的。有效使用中期评价所需条件的例子如下：

- 建立理解和信任。
- 阐明学习成果。
- 选择各种项目类型的质量中期评价，包括建构的反响项目。
- 安排立即跟进的时间。
- 让教师理解评价数据的意义。
- 有效地展示数据，方便教师了解项目和标准的表现，而不仅仅是整个测试的分数。

- 召开坦诚的数据会议，明确行动步骤，跟进会议中收集到的信息。

- 让学生参与进来，包括建立学习目标，清楚地了解从他们现在的位置到想要到达的位置之间的距离。马歇尔说过，学生参与数据处理是教育领域最大的未开发资源之一。

- 严格跟进。

在这个特定的逻辑模型中，最后一个先决条件是特别重要的，因为许多评价，包括那些被指定为"形成性的"评价，都被更准确地描述为"无信息的"。除非一项评价对教学有帮助，否则，它不会比病人在医生办公室忍受耗时并且痛苦的检查，然后在医生或病人都不知道如何利用这些检查中的信息来改善病人健康的情况下就离开更有价值。

普遍事项3：从内而外的变化

当涉及有效教育创新的执行时，可以开启进程的证据，但执行需要由内而外的改变。也就是说，教师甚至在接受或相信之前就开始尝试执行，怀疑地观察结果，只有在结果来临之时，他们才准备好被说服，并与同样持怀疑态度的同事分享他们的观念。我们已经看到，即使是在最抗拒变化的环境中，一而再，再而三地发生这样的事。当情感诉求和行政命令不起作用时，最有效的执行方式是由内而外的改变。我们通俗地称这种方法为"科学展览"（Science fair）。因为从各个方面来看，这种收集数据的方法以及向学校同事展示数据的方式都像学生参观科学展览。某个房间里布满简单的三面板显示器，展示要解决的挑战、要实施的实践和实现的结果。每一个显示都只代表一个更大实现模型的小子集。总体而言，他们证明了：

（1）行动理论与设计阶段的压力测试模型之间的关系；（2）在课堂层面的影响。下面是一些真实的例子：

- 来自一所大城市的贫困高中

  - **教育挑战：**在九年级和十年级的数学和科学考试中多次不及格。

  - **计划逻辑模型：**将学生的练习（以前的家庭作业）移到课堂练习中，并得到教师的即时反馈和支持。根据学生的期末成绩而不是整个评分期间的平均成绩来评价学生。

  - **结果：**成绩在D级和F级的学生减少了80%以上，课堂气氛和课堂文化得到改善，迟到和缺勤现象减少。

- 来自一所乡村的高中

  - **教育挑战：**因丢掉学生的作业而多次失败。

  - **计划逻辑模型：**周五补工作，早上必须要补上错过的工作。

  - **结果：**不及格的学生从385人减少到15人。停学率下降了55%。课堂出勤率增加。

- 来自一所城市的中小学

  - **教育挑战：**大部分学生阅读和写作低于年级水平。

  - **计划逻辑模型：**跨学科写作，包括英语、数学、科学、社会研究、艺术、音乐、技术和体育。每月的写作评价与课程挂钩，用所有科目的教师都可以用的评价准则进行评价。

  - **结果：**达到年级写作和阅读水平的学生数量翻了一番。同一学生写作的复杂性、质量和长度都有了显著提高。

那些未被演讲说服的教师，以及那些逃避或拖延行政命令的教师，不仅看到了学生的优点，也看到了做教师和来自社会的益处。随着高中课程不及格率的降低，选修课程也随之增加。随着学生不端行为的减少，教师的士气都提高了。

由内而外的变化代表了对传统变化模型的否定，传统变化模型的流行程度已经超过了它们的效用。由内而外的变化用影响力的证据取代了表面的热情、号召力和情感诉求。它以可持续的有效做法取代了短期变化的旋转门。它摒弃了买入神话和愤世嫉俗的反对，采取了实际的步骤和专业的实践并产生了可观察的结果，使所有利益相关者都能受益。这部分的内容不会让改变和深入执行变得更容易，但它肯定会使执行更有效，因此，从长远来看，它会更有吸引力和可持续性。

3.3 收集监控与评价数据

当进行执行时，根据你在步骤2.5中的计划对数据收集进行监控与评价也是必要的。在该计划中，你将确定数据收集和表现目标的指标和时间线。注意：现在，你不需要考虑解释数据。我们只想确保你的确是在收集数据，就像你最初打算的那样。

我们要确保你这样做，因为严格的监控与评价经常会遭到规划倡导者和实现者的抵制。他们貌似正确地声称，完美是进步的敌人，学生需求的紧迫性应该优先于评价设计的优雅性。在我们看来，这就在系统和严格的评价与做任何可做的事情来帮助需要帮助的儿童之间建立了一个错误的二分法。它把实现者（故事中的英雄）与评价者（阻碍进步的书呆子）对立起来。5D框架包含了严格的评价，但我们认为，评价太重要了，不能被这种有毒的敌意所拖累。

当监控与评价系统设计得很好时，执行者和评价者同时在同一个团队中（理想情况下是同一个团队，只是职务不同）。他们不仅从最初的项目设计中获益，而且从项目对学生和社区的影响中获益。这就是为什么我们拒绝传统的项目结束时再评价的概念，我们把传统的评价方法比作一个项目死亡后发表的葬礼演说，或者是一个项目已经成功并得到承认后的挽歌。与传统方法相比，我们呼吁提供实时反馈，使监控与评价成为执行过程中固有的一个部分。例如，允许评价者在执行开始之前就通过连续的复盘注意到执行设计中的歧义。它使评价者成为执行领导者的盟友（希望是共同执行者），而不是对手。此外，实时评价反馈改变了评价文化，传统的评价里，文件作者不受批评，现在可能被怀疑，作者也在程序设计师的口袋里。设计师和评价者的共同目标是做更多学生受益的项目，而少做那些没有有效影响力的项目。

严格的监控与评价也有助于抵消沉没成本的谬误。这种谬论是一种有充分证据证明的认知偏差。在执行者明确了投资是不合理的情况后，继续向计划投入资金和时间资源，就会出现这种偏差。"我已经在这个计划中投入了100万美元，"这位领导解释道，"所以如果我现在不执行下去，这笔钱就会被浪费掉。"这和投资者的逻辑是一样的，他们不明智地选择了一只股票，从每股100美元暴跌到5美元，但仍然选择继续持有这只投资性的股票，因为卖掉它就等于承认了亏损。

同样的情况也发生在教育领域，学校在技术、课程、评价制度和研讨会上的投资未能产生预期的结果。例如，我们遇到过这样的情况，在做购买决定时，课程计划还似乎很令人印象深刻，因而系统中每个教师都要花费高昂的费用购买许可证。但几年后的一项持续调查显示，只有不到1%的教师在使用它。尽管如此，学区还是继续维护这些未使用的技术，并为其支付费用，因为做出决定的人仍然相信学校需要这个项目。

　　监控与评价的第一步是收集一手数据。下一步的关键之处是查看和解释这些数据，以决定下一步要做什么。这是第四阶段复盘（Double-Back）的核心，在第四章中，我们将探讨如何成功复盘，以确保执行与设计保持一致。

执行（D3）阶段总结

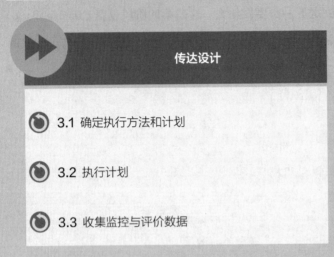

下一步是复盘（D4），明确并增强你的影响力。

D4

Double-Back | **复盘**

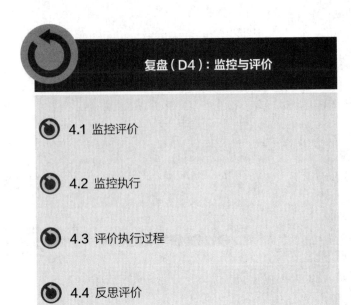

摘要

在玛特·安德鲁斯（Matt Andrews）、迈克尔·伍尔科克（Michael Woolcock）和兰特·普罗斯特（Lant Pritchett）在2017年出版的杰出著作《建设国家能力》（*Building State Capability*）一书中，他们在极难取得进展的目标和相对容易取得进展的目标之间做了区分。他们将极难取得进展的目标称为"1804问题"，将较为容易取得进展的目标称为"2017问题"（*因为他们在2017年写的书*）。他们以从密苏里州的圣路易斯市到加利福尼亚州的洛杉矶的旅程为例，说明这两种问题之间的区别。

在2017年版本的旅游任务中，行动很简单。如果你有一辆车、一台GPS系统、一张信用卡或其他支付方式、一些零食，（在理想状态下）还有一部手机，你就（*差不多*）可以出发了。的确，旅程漫长，路途遥远。根据谷歌地图，沿I-44和I-40公路行驶1826英里，不间断行驶需要约26个小时。所以，你可能还想在途中订个汽车旅馆房间好好休息。万一你的车抛锚了（当代的汽车不会），你还可以用手机呼叫路边的救援。

你可能已经猜到了，在1804年的版本中，你出发前可获得的信息可能就是一张地图，如图表4.1所示。

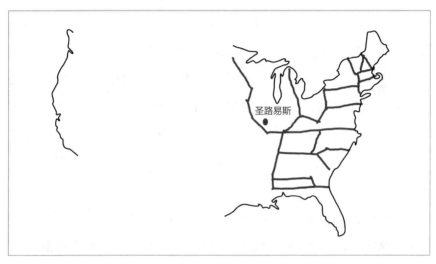

图表4.1
圣路易斯到洛杉矶，1804年版

这张地图让你对北美东海岸的主要公路有了大致了解。它还显示了由制图师绘制的加州海岸线，但旅途中间可能还有麻烦。在1804年版本的任务中，你对所需的主要物资有较好的了解：马车、饲料、铁铲、火枪、医疗用品等。你还有一个指南针给你指明正确的方向。但是你并不清楚什么时候以及如何使用这些工具：你必须随机应变，随时做出决定和调整。

根据你选择的路线，你可能会遇到茂密的无法穿越的大森林，高山、峡谷、水深的河流渡口，还可能有数不清的灰熊。当你在未知的地图上缓慢前进时，你需要不断做出决定。例如，如果你不能让马车过河，你是丢下车带着马游过去，还是沿着河走几天，找一个马车可以过的浅水区？很多时候，在1804年版本的旅程中，你会觉得自己向前走了10步，然后又后退了25步。你沿着直线走，遇到了一座山脉，你要么往回走，要么往下走。在执行的过程中，你会不断地遇到新的信息，你必须在初始策略的背景下考虑这些信息。有时候，这些信息可能会让你完全放弃目标；有时，可能会让你重新考虑战略；而有时，只是让你对战术做出调整。

在计算机的科学中也有一个类似的概念，称为停止问题。通过艾伦·图灵（Alan Turing）的工作，我们得知，从数学上来说，不可能提前预测一个新的计算机程序会结束运行，还是会永久运行，更不用说预测它可能会在什么时候结束运行了。只有当事情真的发生时，我们才知道结果。通过运行并观察程序，我们才知道会发生什么。

这些完全相同的想法适用于许多形式的教育改进。我们寻求进步的很多目标就好像是在1804年版本旅行的尽头。是的，我们可能有数据表明，某些类型的干预措施可能比其他类型更有效（相当于我们选择马匹和马车，而不是背着背包徒步旅行）。但我们可能不能（完全）知道执行期间技术的理想排序（即1804年当时的问题），也不知道在我们的环境中多久才会看到影响（即停止问题）。这正是我们需要严格并持续评价的原因。否则，我们可能就会继续前进，让我们这辆教学马车陷在水里，越陷越深，直到被困在水底，却还更用力地鞭打马匹。等这一切都收效甚微的时候，我们才感到震惊。

的确，这些值得你搭建骨干组织去开展的教育挑战，几乎总是最有难度的和超级难的，如图表4.2所示。

	简单的教育挑战	有难度的教育挑战	高难度的教育挑战
	教育工作者在课堂上所做工作的一部分	更为复杂：由当地教育工作者团体（如专业学习社区或校级骨干组织）提出	更难也更具冒险性：需要高度结构化的项目（5D教学影响力和额外的资源帮助）
对孩子生活的潜在影响	对生活质量可能造成的风险（例如，生活机会、健康、福祉等）	对生活质量有中度风险	对生活质量有重大风险（例如，早逝、生活贫困、入狱时间等）
对数据的信心	数据常显示为白噪音或数据异常	通常是数据中的长期潜在模式	通常是无可争议的数据
利益相关者的共识	没有就普遍的需求/目标、问题达成共识	就普遍存在的需求/目标/问题达成共识，但就如何解决问题的方法有不同意见	强烈认同需求/目标/问题的存在，对于如何解决它的方法存在强烈分歧，而且通常时间有限
是否需要额外的资源	无须额外的资源/支持	可能需要额外的资源/支持	没有额外的资源和支持可能不太能继续推进
会否自我改进	有时可以自我改进（即自动回归均值）	很少自我改进	几乎从不自我改进
复杂程度	相对容易推进	较难有进展；有很多互相联系的部分需要考虑	推进十分艰难；行动往往带来意想不到的恶果
规模	教室	学校	几个学校/系统范围
紧急程度	教师个人优先，学校和系统稍后	学校优先但并非系统优先	系统优先（迫不及待）
是否一次就能成功	可能	不太可能	根本不可能
是否需要系统地评价我们的行为	极有可能	绝对需要	必须！绝对需要

图表4.2
简单的、有难度的和高难度的教育挑战

这也正是我们在设计（D2）阶段花费大量时间建立评价系统（步骤2.5）的原因，这样我们就预先选择了合适的测量工具（即指标）和现实的（可调节的）目标。这些目标给了我们压力，但也给了我们评价数据。如果我们达不到这些目标，我们就需要知道原因。如果我们做得太多，我们还是需要知道原因。在这两种情况下，目的都是决定下一步我们应该做什么。

事实上，正如我们在导读中强调并在图表4.3中重申的那样，评价过程已经被有意地嵌入整个构建5D教学影响力框架的各个部分。

嵌入式评价过程（即复盘）		
D1：发现	**D2：设计**	**D3：执行**
1.2：通过搜索并为潜在的教育挑战划分等级，你要提前评价最有价值的解决方案 1.3：通过发展路径分析，你要搭建并评价当下的理论 1.4：通过设立暂时性的改进目标，你要收集底线数据，制定改善目标	2.1：通过筛选全球研究数据、本地的积极异常值和现有的当地实践，你要预估哪些首要的活动最有可能产生影响 2.2-2.3：通过系统地检查所有不同的设计特点，设置级别并进行压力测试，你要预先评价最有可能产生影响的设计要素 2.4：通过把步骤1.4发展成为一幅可确认关键迹象、目标和数据收集协议的完整的成功地图，你要准备好评价的标尺	通过使用项目管理和评价工具，你能衡量以下这些内容： －里程碑/产出/可执行成果（例如，我们是否在做我们说过要做的事情？是否在规定的时间/预算内执行？） －影响力的证据（即我们所做的事情是否对步骤2.4领先和落后的指标产生了切实的改善？）

图表4.3
嵌入式评价过程（即复盘）

好消息是，如果你正确执行了所有这些步骤，并且没有走捷径，那么大部分繁重的工作就已经完成了。你剩下的核心任务就是评价所有这些丰富的数据，以决定下一步要把车开到哪里。

在接下来的内容中，为增加影响力，我们概述了在复盘（D4）阶段，你要运用所有这些数据和思想去做的事情。

4.1 监控评价

首个关键的任务是，再次确认正在使用并且执行你在步骤2.4中定下的评价系统。我们明确需要你做这件事，因为（很不幸）我们经常见到，这些评价计划被遗忘在书桌抽屉里，最终被丢弃。

因此，至少每个月，我们希望你监督（即检查）你是否将所有这些（步骤2.4）评价计划付诸行动。问一问自己是在进行机械的评价，还是真正的评价，如图表4.4所示。

机械的评价	真正的评价
• 零星地进行（可能从没有过） • 利益相关者对目的表示困惑 • 评价任务没有明确的责任和问责 • 关键的利益相关者很少参与其中 • 不会定期检查数据以求改进 • 没有改进价值的数据就会被忽略 • 利益相关者精心挑选积极的事情来证明计划可以继续	• 持续进行 • 每个人都明白：没有评价，执行就没有意义 • 每个评价任务都有明确的责任，每个项目层级都要同等问责 • 关键的利益相关者深度参与其中 • 非正式地对数据进行问询（如每日/每周）和系统地审查数据（如每月） • 把"没有改进"视为一种积极因素：它告诉你目前的方法（可能）不起作用，你（可能）需要重新开始 • 利益相关者采取一种万无一失的方法，深入挖掘任何负面的数据

图表4.4
机械的评价与真正的评价

如果在进行这样的监控之后，你认为你正在进行真正的评价，那很好。接下来，你可以进入步骤4.2。但如果你认为自己正在进行机械的评价，那么你需要问自己一些棘手的问题：

1.我们为什么没有评价？你的回答与以下其中之一相似吗？

a. 我们想评价，但我们建立的系统收集数据对我们来说太难/复杂/浪费时间了。

b. 我们看不到评价的需要。这个倡议正在产生影响，这对每个人来说都是显而易见的。我们都能感受到。

c. 我们知道项目并不奏效，但都不忍心砍掉这个项目。每个人都花了很多时间在这个项目上，我们不想伤害任何人的感情。

2.我们要做什么呢？对这个问题的回答与你对问题1（没有恰当执行评价程序的原因）中的回答相关。

a. 如果你的回答是a（我们想评价，但我们建立的系统收集数据对我们来说太难/复杂/浪费时间了），那么

• 移至步骤4.4，审核你的评价系统，确认你能否提高效率，这会为你提供良好（足够）的数据。

b. 如果你的回答是b（我们看不到评价的需要。这个倡议正在产生影响，这对每个人来说都是显而易见的。我们都能感受到），那么，你真的需要检查一下你自己的想法。

• 历史上充斥着愚蠢的行动，这些蠢行都是根据（妄想的）想法而去开展的行动，并没有实证。感觉/看法/逸闻不足以证明影响力。

• 如果你仍不能致力于系统评价你的影响力，你就需要立即停止改进计划。停下来。不要再浪费时间在你不准备评价的事情上。

c. 如果你的回答是c（我们知道这个项目并不奏效，但都不忍心砍掉这个项目。每个人都花了很多时间在这个项目上，我们不想伤害任何人），那么，你需要立刻问出那些困难的问题。

• 你明明知道有些事是行不通的，你还要继续下去，这对你的学生和你的课堂都是一种伤害。即使你得出结论，你的倡议没有"造成任何伤害"，这也仍然不够好。虽然继续做行不通的事情可能不会造

成损害，但会占用你宝贵的时间，这些时间本可以用来做其他更有影响力的活动。

4.2 监控执行

因为你已经监控了评价，下一步的关键任务是监控你的执行过程。你要检查，你的确正在做以执行为重点的事，这件事是你曾在计划逻辑模型和执行计划中打算做的事情。你还要检查，你正在以原先计划好的方式去落实这些事。监控执行过程是基于你已经在步骤3.3（即收集监控与评价数据）中开展的工作。现在你要再次回顾这些数据来监控你的进展。

你的计划逻辑模型包括一系列资源、活动、假设和输出，正如在图表4.5中重述的一样。

资源	活动	假设	输出
例如： • 人 • 时间 • 金钱 • 设备 • 友善	例如： • 项目的发展 • 项目的执行 • 执行过程的质量保证	例如： • 我们能发展项目 • 更多的利益相关者将会参与进来 • 他们的参与将会完善成果	例如： • 产品得以提升 • 训练执行 • 参与/接触的人的数量

图表4.5
重述计划逻辑模型

有许多标准项目管理工具可以用来监视计划逻辑模型的执行。以下是一些例子：

• **项目计划**。无论是看板还是甘特图，你在D3阶段就已开发出一些版本的计划。最全面的版本列出了你所有的工作流/子项目，及每个任务的所有活动（一个任务接一个任务）预期开始和结束日期、分配的资源和关键路径（即哪些任务需要首先完成，哪些是第二个、第三个等，或者任务之间存在依赖关系）。当你执行项目时，你要实时更新计划，这样你就可以看到每个任务完成的百分比以及仍未完成的部分。

项目计划监控活动

我们是否朝着正确的方向发展，提前还是落后了？我们是否抵达了关键目标？

• **时间跟踪**。在私营部门，许多专业的服务组织使用时间记录软件来监测员工在不同项目和活动上花费的时间。他们经常用这些工具或应用程序来支持客户计费。根据项目的复杂性，了解并监控每个项目团队成员在任务上花费的时间是很重要且有用的。这会帮助你检验对时间的假设是否正确，也可以让你更深入地了解，他们在不同的计划上花费了多少时间。在图表4.6中我们提供了说明。

时间跟踪监控活动

我们在这个项目上花费的时间是多了，还是少了，或者和我们预期的一样多？

• **产品验收标准**。在项目管理中，明确阐述每个产品的验收标准是很常见的。例如，如果"产品"是一套课程材料，你可以定义主题领域、内容的年龄适宜性、页面或图像的数量，验收标准甚至只有一个工作示例，并说明"最终产品必须是这样的"。

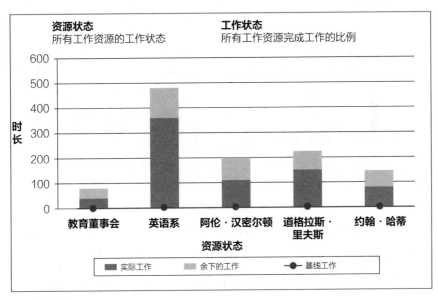

图表4.6
时间追踪

验收监控活动

　　我们创造的工件、产品和/或输出是否满足或超过我们描述的验收标准？

• **预算跟踪**。这需要监控你已支付和准备支付的钱。在设计（D2）阶段和执行（D3）阶段，为支持执行计划，你已经对采购货物和服务的财务要求做出了规定。但你现在需要记录花销，是比你预期的多还是少，还是一样多？支出是否发生在你预期的时间内？你预期的预算拨款足够多吗？还需要增加吗？

预算监控活动

我们的支出是比我们预期的多还是少，还是一致？

我们是否在预期的时间内使用了所有资金？

• **执行指标**。根据你执行的内容，这些参数会有所不同，但它们能够帮助你对输出进行跟踪。例如，如果你的计划逻辑模型对教师专业发展项目的开发和执行进行了设想，那你的指标可能与已开发项目的百分比、执行的培训课程的数量，以及参加培训的教育者的数量相关。

执行活动

我们完成了执行指标吗？

你执行的监控系统的复杂性和监控频率将与计划的规模和重要性成正

比。如果你在地区或更高的级别工作，你很有可能想要建立强有力的、专业的监督过程。你可能还会用专门的软件来帮助你做到这一点。如果你是在学校工作，这些工具和系统可能对你有用，但并不是那么重要。但如果在专业学习社区，那么只需要在笔记本上记录进度，或一个跟踪电子表格就足够了。

在这个监控阶段，你要检查你是否完成了你曾承诺要做的事。此外，你还要检查，你是否利用了资源，开展了活动，并实现了输出。最重要的是，检查你是否按时、在预算之内完成这些事，是否达到了所需的质量标准。这是非常重要的。

然而，完成任务和产生影响力是不一样的。你可能成功地做了所有你开始做的事情，但发现，它对你长期改进轨迹没有什么帮助或根本就没有帮助。要了解你的影响力，你现在需要超越单纯的监控，转向系统的评价。

4.3 评价执行过程

回顾设计（D2）阶段，我们介绍了6个不同层级的评价，这些评价建立在柯克帕特里克和格斯基的作品的基础上。我们还建议，你需要挑选合适的工具（即指标），帮助你收集这些重点领域的答案，并为你的改进轨迹设置目标。

这一点非常重要，因此我们在图表4.7中再次说明了这6个层级。级别1是灰色的，因为它与在步骤4.2下进行的监视活动有关。然而，其余的5个层级会帮助你深入了解计划逻辑模型是否有帮助，以及下一步你应该做什么。

层级	焦点	时间范围	评价工具
1	**监控** 我们在做计划要做的事情了吗？我们是根据预期的时间线和资源水平来做的吗？	短期	• 项目计划监控 • 预算监控 • 时间最终 • 产品的可接受标准
2	**参与** 利益相关者是否积极参与改进计划？他们喜欢它吗？他们是否以预期的水平/频率参与？	短期	• 满意度调查 • 采访 • 焦点小组
3	**学习** 利益相关者（通常是教师），成功地学到有潜力增强他们集体表现的新技能/技术/方法了吗？	短期	• 组合证据一致（例如，与教学标准一致） • 课程观察 • 采访和焦点小组 • 问卷
4	**改变** 利益相关者的表现行为有明显的改变吗？他们（通常为教师）是否在精进课堂教学？	中期	• 课程观察（例如，用视频工具） • 问卷 • 结构化采访 • 自我/集体心理测验学效果
5	**影响** （L2）参与，（L3）学习和（L4）改变在目标领域实际地产生改进了吗？学生的成绩提高了吗？	长期	• 学生成绩的数据 • 学生出勤数据 • 学生的意见 • 对教师、父母、学生和领导者的结构化采访计划逻辑模型
6	**改进和持续** 我们如何能进一步增强影响力，我们又该做什么阻止倒退？	持续的	结合所有上述工具 ——为回顾和完善你的计划逻辑模型

图表4.7
重述评价的6个层级

其中一些数据很快就能显现。它们就是经济学家所说的领先指标。你可以快速且定期地进行调查，组织焦点小组，或者举行更加非正式的设计会议来衡量用户参与度和乐趣。你可以和人们交流，看看他们是否理解并认同他们要做的事背后的理论。你还可以在执行期间的几个月里，走进教室看看教育者进行实践后发生的改变。然而，衡量计划逻辑模型是否为学生带来更多改进的通常是一种滞后指标。一般情况下，在教师的行为发生改变后，需要一些时间才能提升学生的学习、参与或出勤率。一般至少需要6个月的时间才能看到指针开始向上移动。事实上，刚开始执行项目的时候，短期内你可能会面临各项指标的下降，这会导致压力、困惑，甚至阻力，导致你一些测量结果的指标下降。此时，你需要屏住呼吸，看看这些琐碎的问题是否会消失，或者是否需要迭代（甚至放弃）你的逻辑模型。

层次2 参与数据

当你屏住呼吸等待影响力出现时，你可以捕捉到的最简单的领先指标数据形式之一就是二级反馈数据。利用关注阶段框架，你就可以根据利益相关者的反馈对互动类型进行分类。你可能还会发现，你开始获得关于影响力和结果的定性感知数据，这些数据为你观察灰色箱和透明箱提供了观察的角度。我们将在图表4.8中对此进行说明。

我们建议你们至少每个月审查并解释所收集的评价数据。以下是你需要问的问题：

1.影响力的证据是否足够积极，可以让我们在不调整计划逻辑模型的情况下继续进行？你的回答可能是以下之一：

a.距离获得产生影响力的证据为时尚早。我们得屏住呼吸，再多等一会儿。

b.影响力的证据是有希望的，但我们可以做一些小调整以促进执行。

c.影响力的证据是有力的。我们应该暂时避免干扰和迭代。

参与度水平	参与度描述	绘制评价框架地图
不知道	我不确定议程是什么或者它和我有什么关系	L2
知道	我对议程和其目的有基本的了解，但我没想过我该如何参与其中	L2, L3
个人的	我关心个人需要在执行上的花费和牺牲	L2, L3, L4
程序化的	我专注于执行过程的技术和后勤流程	L2, L3, L4
个人结果	我专注于收集议程是否奏效的非正式数据	L5
整体结果	我们专注于比较型的成果（即我的影响与你们的影响力vs.我们的整体影响力）	L5
提高结果	我们专注于探索为设计功能和设置水平所做的调整，以进一步提高影响力	L4

图表4.8
参与度水平

d.看上去不那么乐观。我们需要考虑及时调整，可能的话，要完全停止。

2.我们要做什么？你的选择可能是以下之一：

a.继续下去，另一个月再次复盘。

b.迭代计划逻辑模型（即缓慢进入设计环节）。

c.停止。

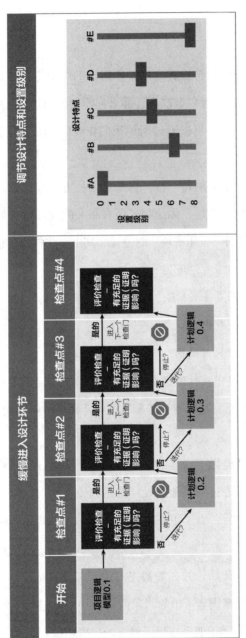

图表4.9

迭代执行

对迭代的考虑

如果，在执行你的评价检查之后，你得出的结论是你的计划是"可行的"，但影响力的充分性可以被改进，那么你需要考虑迭代（或摇摆）计划逻辑模型来增强影响。你可以通过回顾我们在设计（D2）阶段介绍的工具来做到这一点。

对于计划逻辑模型中的每一行，你都可以从重新查看设计特点和设置级别的附带分析开始。此时，你绘制了所有相关的设计特点的地图，以及所有你可以移动的各种"音乐滑块"的位置。其中一些核心考虑如下：

- 剂量（我们要给多少"药"？）
- 间隔时间（给药要多长时间？每次间隔多长时间？）
- 目标小组（谁被挑选进行"治疗"？）
- 执行小组（谁来执行议程？）
- 忠诚度（严格遵守执行协议是必要的吗？我们是否需要更灵活些？）
- 方案（我们是否需要改变"药物"或给药程序的一些内容、特征和/或设计特点？）

好消息是，你已经做了这样的分析。是的，从执行的经验里，你可能确认了你之前没有考虑过的其他的设计特点和设置级别。你可以把这些加进你的模型之中。之后，有了更新过的模型，下一步就是确认最有可能增进影响力的迭代。

我们建议你逐步开始，并在最初先专注于一个（或两个）更容易实现的高概率变化。我们在图表4.10的四象限矩阵中对此进行了说明，在矩阵中，你可以看到选项F和E似乎提供了最好的投资回报。

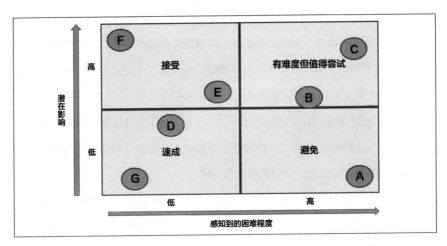

图表4.10
四象限矩阵模型

这个想法是，在你选择了用最少的努力获得最高可能性的修改之后，你就可以更新逻辑模型和执行协议来反映这些更改。然后再次按下"播放"键，进行执行，然后（再次）检查评价的数据，寻找下一个高优先级的摆动。这意味着在另一个检查周期中，你会再次回到这一点上。当你返回时，你将考虑：（1）这些更改是否如预期加深了影响；（2）在缓慢进行和学习的过程中，是否尝试对计划逻辑模型的其他方面进行额外的迭代更改。我们在图表4.11中对此进行了说明。

经过6个月执行智能辅导系统，并看见了一些影响力，骨干团队于是专注于如何进一步增加影响力。所以，他们再次来到设计特点和设置级别的地图，来识别可以增强迭代的适当区域。

回顾地图后，骨干团队得出结论：从E辅导平台转移到另一个系统太过复杂和昂贵。事实上，这个平台被选中的原因是，它在其他环境中有很多影响力的证据，所以此处没有变化。

因此，骨干团队要思考是否调整对现有平台的应用、如何支持应用才会增强影响力。团队认识到，平台的任务难度对表现最好的学生来说太低，他们会产生厌倦和低参与感。于是，团队考虑变换设置级别，除落后的学生以外都可以选择。

团队注意到，当学生从个人设备上进入系统时，他们似乎会被社交媒体分心。解决这个问题的方法之一是只允许从学校的电脑设备上登录系统，学校的电脑设备已被封锁，防止社交媒体进入。团队决定将此方法推进下去。

骨干团队还想到，如果增加父母的参与可能会帮助学生参与，但考虑到辅导平台只能在学校的设备上使用，团队最终决定，不调整该设计特点和设置级别。

一旦他们决定要改变哪个设计特点和设置级别，骨干组织就要更新计划逻辑模型，并准备执行新的调整。

	设计特点1：我们选择哪个系统？	设计特点2：是强制的吗？	设计特点3：硬件	设计特点4：父母的参与	设计特点5：使用时间
活动：智能辅导系统					
级别1	智能平台A	对所有学生均强制	学生自己的设备——任何设备都可以	不需要——所有都在学校完成	个人选择
级别2	智能平台B	所有学生均可选择	学生自己的设备——只可是非智能手机类的设备	不需要——但任在家中和学校使用	最少每周60分钟
级别3	智能平台C	对落后的学生来说是强制的，其他学生可选择	学校的平板电脑	家长通讯录	每周最多90分钟，最少60分钟
级别4	智能平台D		混合使用	家长简报会	
级别5	智能平台E			给家长打电话	
		分析			
	其他当地的学校使用过智能平台E。员工都十分积极。有力地独立评价数据	如果是有选择的，那没人会认真对待。如果只对落后的学生强制，也是一种耻辱	我们不确定是否会看看会发生什么。混合使用，看看有人要求更多是否会有人想的信息	可能告知家长会有所帮助。把家长放进通讯录中，看看有人要求更多的信息	全球研究表明，每周90分钟，每次3×30分钟是最理想的
		结论			
	平台E	对所有人均强制	混合使用	家长通讯	90分钟——分为三次

图表4.11

调整设计特点和设置级别

对停止的思考

然而，如果你得出结论，认为你的计划逻辑模型是无可救药的，那么你真的需要立即停止。你可能不会很快或轻易地得出结论。在进入这一阶段之前，你可能需要进行几轮设计特点和设置级别的迭代调整。但如果在做了所有这些之后，你发现结果指标并没有改善，那你就需要结束项目了。

当然，选择停止会是艰难和痛苦的。充分的认知偏见表明，**我们可能天生就会加倍下注，而不是选择停下来重新思考。**

- 沉没成本谬误："我们在这上面花了这么多时间/金钱/精力。不管我们投入了多少，我们都不能放弃。"

- 计划延续偏差："好吧，在过去的18个月里，我们没有看到我们的结果测量有任何进展。但我相信，如果我们再坚持5年，最终我们会成功的。"或"每个人都已经习惯了这种新的（但完全无效的）做事方式。我们费了好大力气才走到这一步。能走到这一步本身就是一种成就！"

这也可能涉及困难的对话，特别是与早期的项目采用者或项目想法创始人的对话。看到他们一直支持的项目突然陷入冰封，对他们来说可能是毁灭性的。但避免丢脸的一种方法是，从一开始就把你所有的计划都定义为1804年版本的科学实验。倘若在一开始就这样定义，你不掺杂个人感情地客观对待这一项目就会成为可能：

我们之所以选择这些活动，是因为它们在其他环境中工作得很好。因此，如果我们执行得当的话，我们极有可能会在我们的组织里面看到相似的成功。但我们不能百分百保证这些活动会奏效。即使它们奏效了，我们也不可能在第一次就以最理想的方式执行它们。因此，我们会一边进行评价，一边确保我们把时间花在有价值的举措上，并以最适合我们所在环境的方式来执行它们。

这一举措被视为在设计空间中的缓慢推进算法。你们寻找可行的干预措施。你选择了最有可能的一个。你执行了该措施，然后进行评价。如果没有成功，那你可以停下来不要再挖更深的坑。如果成功了，你便可以把坑填好，然后转向想法2再重新开始。这不是个人的事情。这是我们如何执行的科学。

这也是马车骑手们从圣路易斯长途跋涉到加州的方式。通过望远镜，他们最初可能得出的结论是，最好的路径是径直向西走。根据他们当时手头现有的信息，那个决定在当时是有意义的。但他们旅行了一段时间后可能会得到新的信息（例如，大峡谷），新信息会让他们转过身来，尝试一些不同的路径。

在执行过程中，当我们对执行路径进行评价并发现它们不起作用时，我们需要同等的理性。在做出停止的决定时，我们还需要弄清，究竟是逻辑的哪个部分出错了。是以下之一吗？

1.教育挑战。或许该教育挑战真的不存在，是可以自动修正的，或者比我们预想的优先级别更低一些。

2.当下的理论。或许我们误解了偶然的驱动因素。在路径分析中出现了错误的影响气泡，或者箭头指向了错误的地方，所以我们选择了不合适的计划进行执行。

3.计划逻辑模型。可能我们挑选的议程并不适合我们所在的环境，不适合我们的起始点，不适合我们拥有的潜在的能力，也不符合我们的信念。

4.执行。也许我们在其他事情的影响下很难保持改进的势头。那么我们可以这么说，它"摔到地上了"。

牢记这些见解，你就可以回到发现（D1）阶段重新开始。但要确保你吸取了所有的教训，这样你就不会再重蹈覆辙了。正如爱因斯坦曾经说过："愚蠢就是一遍又一遍地做同样的事情，却期待不同的结果。"

在图表4.12的例子中，一个学区开发了三个计划逻辑模型，骨干团队认为它们在技术上都是可行的，并且有可能产生相似水平的影响力。赞助商同意在不同的学校试用这三种游戏以便缓慢进行和学习，而不是只选择一种并强迫玩家玩游戏。在第一次审查时，这三种看起来仍然很有希望，但为了增强它们的影响力，团队对设计特点进行了修改。在第二次审查时，计划逻辑模型2被丢弃了，因为它被证明为太过复杂，无法管理。到了下一次审查时，计划逻辑模型3就停止了——这次是因为结果数据不像计划

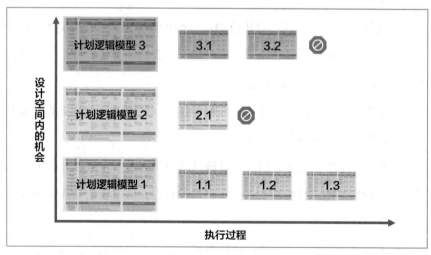

图表4.12
计划逻辑模型执行、迭代和停止的举例

来源：版权所有©认知教育（Cognition Education 2022）。

逻辑模型1那样有希望，而且实现的成本更高。只有计划逻辑模型1到达了"比赛"的终点，并且其中几个设计特点已经被调整，所以它与"比赛"开始时离开马厩的"马"已有所不同。

4.4 反思评价

如果您选择继续现有的计划逻辑模型，不进行更改，或者选择迭代，那么现在就到了我们强烈推荐的最后一个评价步骤。反思评价。

现在，你可能会想，"但我们已经在步骤4.1中做过了"。现在我们要做的和步骤4.1差不多，但不完全是。你当时所做的就是监督（或检查）你是否真的执行了你所说的评价过程。现在我们希望，你考虑这些系统和工具是否给了你有用的答案，使你能够确认并扩大你的影响力。

你可以使用图表4.13所示的三棱镜，以一个学期和/或半学年为基础进行此操作。

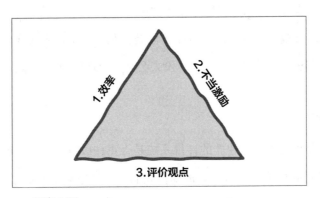

图表4.13
反思评价的三棱镜

效率

效率是对"我们没有时间完成评价"的回应。就算你腾出了时间，你仍可以在某些方面让评价活动更简单、更容易、更快。这里有一些你可以考虑的方面。

评价工具

• 你是不是有太多提供给你相似类型数据的工具？是否可以在不（显著）减少评价看法的情况下，取消其中一些工具？

• 你是否过于频繁地使用这些工具（例如，收集学生成绩数据以用于每周的评价），在更长的周期使用这些工具可能更合适？

阐释评价报告

• 考虑你们聚在一起审查数据的频率。如果太频繁，那你将无法在噪音中看到信号。如果频率过低，那你无法对你看到的做出回应，也无法迭代你的议程设计。你做得"恰到好处"吗？

• 对评价报告的深度进行判断。你是在制作一份仪表板样式的重点报告，还是在撰写一份附有复杂的、没人会阅读或理解的60页报告？

不当激励

不当激励是指，你建立的评价系统是否正在以意想不到、但有问题的方式改变利益相关者的行为。例如，我们在发展中国家开展了一些工作，在这些国家，教师不去学校上课并不罕见，即使他们去了学校，也不是去上课和教学。有时我们也会看到教育部在实施新的项目，利用评价工具来实现问责的目的，这样做可能会产生不正当的激励。图表4.14中提供了详细的例子。

工具	影响
标准化的课程观察工具	当被观察的时候教师课教得最好，即使学生已经听了17次，仍被要求巩固强化所学内容
标准化的学生成绩测试	需要大量的考前准备工作
教师日常出席机制	在去做第二项工作之前，一定要在一天开始的时候打卡

图表4.14
不当激励

这些例子令人痛心，但它们是真实存在的。我们确信，你使用的评价工具不会导致这种不正当的激励。但你仍需要考虑，随着你执行的工具的基调，利益相关者有调整舞步的可能，并且这样做不会对你的最终结果度量产生影响。当然，跳舞是好的——如果舞步与你的教育挑战相一致的话。这是与"如果这是一个值得去教学的测试，那么为了测试而教学是可以的"这句格言等价的评价。

评价观点

最后你需要思考的是，你正在使用的工具，以及正在收集的数据是否能够帮助你回答有关增强教学影响力的问题。你可以根据评价的6个层级来考虑这一点，并使用图表4.15中的工具来记录你的答案、你的解释（即为你的回答做合理的解释）和你的下一步步骤。例如：如果你已经解释了，或你已经决定了不去收集与6个层级不一致的数据，下一步你可能什么也不做。

如果你已经改进了计划逻辑模型，那么你特别需要思考这一点。否则，你可能正在收集一些无效数据，这些数据可能与你已经停止做的事情有关，或者是一些你已经开始做的、但没有测量也没有方法评价的事情。

请记住，评价是为了增强你的教学影响力。我们在图表4.16中对此进行了说明。

层级	评价问题	我们能回答问题吗？
1	**监控** 我们在做计划要做的事情了吗？我们是根据预期的时间线和资源水平来做的吗？	是/否 解释（即为什么/为什么不） 下一步（即，对此我们要做做什么）
2	**参与** 利益相关者是否积极参与改进计划？他们喜欢它吗？他们是否以预期的水平/频率参与？	是/否 解释： 下一步：
3	**学习** 利益相关者（通常是教师），成功地学到有潜力增强他们集体表现的新技能/技术/方法了吗？	是/否 解释： 下一步：
4	**改变** 利益相关者的表现行为有明显的改变吗？他们（通常为教师）是否在精进课堂教学？	是/否 解释： 下一步：
5	**影响** （L2）参与，（L3）学习和（L4）改变在目标领域实际地产生改进了吗？学生的成绩提高了吗？	是/否 解释： 下一步：
6	**改进和可持续性** 我们如何能进一步增强影响力，我们又该做什么阻止倒退？	是/否 解释： 下一步：

图表4.15
元评价问题

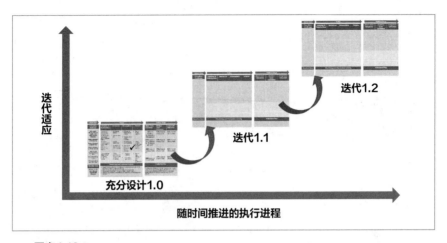

图表4.16
随时间推进的迭代适应

来源：汉密尔顿和哈蒂（2022）。

复盘（D4）阶段总结

监控与评价

🔄 4.1 监控评价

🔄 4.2 监控执行

🔄 4.3 评价执行过程

🔄 4.4 反思评价

下一章我们会聚焦升级（D5）。

第五章

D5

Double-Up | 升级

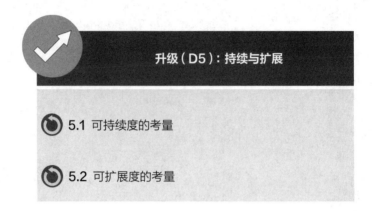

对于我们在D1—D4阶段介绍的一系列流程和活动，如果你感到有些疲惫，并担心我们在D5阶段中还会为你准备什么，请不要担心。事实上，如果你遵循了我们已经分解的过程，不断回到这些过程中去评价、迭代和增强你的影响力，你就已经经历了升级（D5）阶段。

你可以把这一章看作演出后的派对，或者是电影结束后的彩蛋。我们在这个彩蛋章节的重点是以下两个关键因素：

1.可持续度（即一旦你让某些事情有了进展，你要如何维持它）

2.可扩展度（即你该如何从1，2，4，8，16，32，64扩展到32，768，而不让你的影响力只变成一张张复印件）

5.1 可持续度的考量

在我们与学校和系统领导者的合作中，我们经常被问到："我们如何才能保持可持续发展？"当我们深入探究可持续发展的含义时，通常是以下几点内容的融合：

• 自动的

- 毫不费力的

- 无须更多的想法或无眠的夜晚

- 顺其自然地发生

我现在可以去扑灭下一场火，或者着手下一个优先计划，对于目前这个项目，我永不回看了。

让我们来告诉你为什么。热力学第二定律给我们提供了熵的概念——这一定律表明，任何系统任由它自己的装置逐渐变慢，并陷入无序。将这一概念引入构建宇宙的结构中，宇宙（最终）将变成一片死寂。值得庆幸的是，在宇宙中，这一变化过程将需要几十亿年的时间。然而，"熵"同样适用于我们的日常生活，只是需要短得多的时间表来发生变化。

当你买了一辆车时，你不可能永远都不维修这辆车。你会有一个预期的时间定期检查轮胎，更换机油。你还得定期把车送到机械师那里，对车进行检查，并进行更复杂的内部维护。你的房子也是如此。你需要修剪草坪，打磨室内，偶尔还需要找承包商修理水管或更换屋顶。所有这些都是为了控制"熵"。

同样的原则也适用于人。有时，我们只是忘记了我们已经学过的东西（即心理熵）。毫无疑问，你会在自己学生的身上看到这一点。第一周，你教了某个概念。第二周，他们学会了。第三周，他们通过了形成性评价测试。等到第六周的时候，他们便会茫然地盯着你。他们完全忘记了学到的知识。适用于学生的，（显然）也适用于从事专业发展的成年人！你可能（也可能不）记得在教师培训时学到的东西，这种记忆过程被称为遗忘曲线。

如果我们的学习是有间隔的，且它与我们之前的学习相联系，它与我们的兴趣、信念一致，那么，我们更有可能形成持久的记忆，熵就不那么容易出现。关于教师专业发展基本特征的文献告诉我们，一次性的研讨会非常容易产生"熵"。相反，我们需要：（1）引入一种新的协议；（2）在它将被部署的环境中对其进行建模；（3）让人们有意识地实践执行；（4）提供反馈/指导——所有这些都是有时间间隔的。请注意，在计算机科学中有一个重要分支——信息论，该理论由已故伟大的美国数学家克劳德·香农（Claude Shannon）开创。该理论的重点是，即使是数字数据，在传输和恢复时也会退化和变异。

有时，虽然我们记得很清楚，但失去了保持策略的动力。在这本书的前几章里，我们谈到了在新年时下的决心——这是一种传统，在12月31日对自己做出改变一生的承诺。在那些"有约束力的"承诺中有一些显著的共性：多锻炼、减肥、多存钱、戒烟、培养新爱好、少喝酒等。但当我们观察人们坚持和保持新习惯的纵向跟踪数据时，我们也看到了熵和退化的作用。例如，参加减肥计划，尝试戒烟计划或尝试减少酒精摄入量的复发率极高。这种失败似乎与目标或时间不现实、没有监督和评价进展、目标太多等因素相关，亦或只是忘记了、失去兴趣了。

很少见跟踪人们多年，并关注长期坚持习惯的研究。现有的研究结果是十分常识性的：

1. 动机维护。如果我们喜欢新行为的结果，并且这些结果与我们的自我认同感一致，我们就更有可能继续下去。

2. 监控维护。如果我们收集数据对我们的进展进行跟踪并制定自我调节的协议，我们也更有可能继续下去。

3. 习惯养成。随着时间的推移和数百次的重复，如此往复，行为逐渐变得根深蒂固，自然而然。重复次数越多，我们就越有可能继续下去。从长远来看，我们执行策略和协议的方式将会发生突变、改编和转换。其中一些将会得到改进；另一些则会造成等同于静脉感染的教育退步。

4. 认知资源。最初，维持习惯（即习惯形成之前）是非常费力的认知工作。如果我们的认知资源有限（例如，我们试图同时做出多个改变，或者我们同一时间面对着重要的外部压力），我们就不太可能继续下去。

5. 环境背景。如果在我们的组织环境中，其他人也试图获得和保持类似的习惯，我们更有可能继续保持。如果我们公开宣布自己的目标，我们也更有可能坚持下去。例如，如果你公开宣布了计划，如果你全家都遵循同样的饮食方案，那么你就更容易坚持节食。如果你偷偷地做，而且还要看着你的家人吃巧克力蛋糕，但自己却不能吃，坚持节食就困难得多！

计划逻辑模型建构都应包含这些常识性的技巧，以提高传输、接收和维持的保真度。但你并不能作如下假设：一旦达到起飞速度，无须加任何燃料，也无须定期重新转向，飞机还能保持动力。这有点像全速开车上了山，然后再往下开。如此一来，的确，汽车会在一段时间内继续高速下山，但会逐渐减速，也不再沿着道路轮廓行驶，并很可能会在灌木丛中停下来。

因此，没有这样的事，即"我现在可以继续扑灭下一处火点，或着手下一个计划的优先事项，而永不回看"。对你来说，如果你一直在努力的教育挑战仍然是重要的优先事项，你有以下三个选择：

1.让你的骨干团队继续努力。换句话说，你们继续战略性地监督教育挑战。只要它对你来说仍然重要，你就会继续在执行、复盘和迭代（再）设计的连续波浪中循环。这个过程可能是几个月，几年，甚至永远。

a.优点：这是减缓熵最好的做法。

b. 缺点：你没有足够的精力去扑灭其他起火点，或开始新的目标。

2.继续但监测。这相当于跳出正在行驶的汽车，转而去专注于其他紧迫的优先事项，同时还试图把汽车保持在视线范围内。然后再按照要求跑回去重新启动引擎，重新转向，在再次跳出车之前把它开到下一个山上。

a.优点：这可以保证你的骨干团队关注下一个迫切需求。

b.缺点：熵的变化是快速的，正如你失去对车子方位的控制，（不可避免地）无法足够快地回到原来的方向上。

3.委托和授权。让乘客们换班开车。但随着时间的推移，他们换挡可能会变得很草率，而新上车的乘客则没有驾照，或对道路规则有着不同的理解。

a.优点：这样可以构建和分配容量，特别是如果从一开始就将其设计到计划逻辑模型中。

b.缺点：熵的发生速度仍然比选项1快，但比选项2慢。

我们要传达的信息是，没有维护就没有可持续发展。如果你能接受电压下降，并有其他更紧迫的教育挑战，那么你需要跳出汽车或招募其他司机。但与此同时，你不能幻想，汽车会永远保持其巡航速度和/或自动在路上行驶。熵的隐藏之手最终会造成阻力和抵抗。

5.2 可扩展度的考量

在从"一"到"少"或到"多"这个重要话题上，我们可以思考如下6个事项。

事项1：可扩展度与所有系统级别相关

规模通常被认为是一个项目或干预的广泛使用。这意味着，这是关乎系统级别的改变——在数百或数千所学校中执行一项新的活动。例如，迈克尔·富兰在他早期的工作中，将规模定义为至少50所学校中的20,000名学生。

然而，规模化的挑战在小型企业和大型企业中都是常见的。想象一下，一所拥有10名教师的小型农村小学，其中一名教师在基于证据的实践中培养了技能，这极有可能改善其他9名教师的学生的学习成果。要让这些想法从一个熟练的实践者的脑海中跳出来，让他们同意，并有想要复制它的想法，再正确地实施它，然后看到它的影响，可以说比从一个学校扩展到多个学校更具挑战性。是的，当你的倡议吸引更多的网站和利益相关者时，电压会有所下降。但是对于更大的计划，更有可能的是，你拥有一个专门的骨干组织——一台只专注于传输和复制这些想法的机器，还有开发系统代码，监控协议，并在运行过程中系统地迭代。没有维护就没有可持续性。

在我们到达脑对脑的蓝牙时代之前（是的，这一天终会到来），当我们将想法从一个大脑转移到另一个大脑时，总会有显著的退化或重新解释的过程。这就是学习混乱和低效的本质，从一个人到少数人，从少数人到多数人，原则都是一样的。因此，扩展与所有系统级别相关。

事项2：扩展需要普遍的需求和相似的背景原因

在这里，我们提出了5个级别的扩展，以便让你的思维流动起来。

规模的问题（可能）在级别5就不那么适用了。在这里，需求或目标仍然停留在个人教育者的水平上，个人正在寻找与他们的具体情况非常相关的信息和行动的来源。可能学校里的其他教师都没有同样的行为管理挑战，可能他们已经应用了认知负荷理论的原则，或者他们在做其他的事。

在1—4级别，规模问题是高度相关的，因为在多个人、多所学校，甚至多个系统中会有一个共同的需求或目标。但在没有进一步调查的情况下，还不清楚相同的治疗或行动是否会改善所有这些在不同情况下的结果。他们可能有相似的症状（还记得我们前面提到的背痛吗？），但这些症状产生的根本原因可能不同，因此需要不同的治疗方案。所以，对相似症状的分级反应通常需要有差别的诊断，并制订不止一个模版的治疗计划。

例如，在南非的一个国家，每天都有22%的教师上课缺勤。这是来自一个真实国家的真实数据。事实上，许多发展中国家的教师缺勤率都比较高。但是，当团队进行"5个为什么"并构建他们的路径分析时，他们可能会发现，不同地区的缺席率是不同的。也许在地区A是55%，在地区B是10%，在地区D是4%，平均数据约22%。缺席的原因也可能因地区而异。某些情况下，或许有些教师没有获得工资，他们不来上课是因为他们要做其他工作来挣钱维持生计。有些情况是，教师虽然定期获得报酬，但他们的教学对学生生活成果的贡献可能被严重低估了。他们不按时上课是因为他们并不相信自己能有所作为。可能在地区之内和不同学校之内，原因也有所不同。这些不同的因果链产生不同的路径分析，并需要不同的计划逻辑模型，或者需要至少一个单一的能解决所有"为什么"的逻辑模型。

级别1：资源丰富的国家级或国际骨干组织
（例如，国家部委、国家教育部或国际非政府组织，如"全民教育"）

假设举例：
- 一个南亚国家的教育部长担心，在某一天，全国平均有22%的教师都不来上班。
- 英国国务大臣被告知，因为疫情，2020年，儿童的平均教学时间减少了66%。

级别2：地方的（如教育服务区、学区）

假定的问题举例：
- 伦敦某行政区的一所特殊学校已经关闭，200名有特殊教育需求的儿童被纳入该行政区的10所中学，在每所学校，几乎每个班级都有一个或多个这样的学生。
- 在吉隆坡，40%的家长在孩子即将进入小学一年级时把孩子送到预备班上学。这些孩子已经接近小学二年级的入学水平。

级别3：整个学校

假定的问题举例：
- 奥克兰的一所学校刚刚接受了教育审查办公室的检查。对该学校与对照学校在十分位数的学习进步速度方面，检查员提出了严厉的批评。

级别4：在学校内部

假定的问题举例：
- 悉尼一所学校的数学团队发现，该校学生在九年级国家评估项目（阅读和算术评估）中的平均成绩在过去三年中持续下降。

级别5：教师个体

假定的问题举例：
- 在多伦多，一位新获得资格证书的教师听了一个关于认知任务分析和认知负荷理论的播客，想把它应用到她的教学中。
- 在纽约低收入社区的一所学校里，一名教师正在为管理课堂上的行为而努力。

事项3：我们已经知道了很多不太可能实现规模化的项目

在过去的几十年里，已经试验过许多扩大规模的不同方法。有些企业在输入的管理方面效率很高，但很快就遭受了结果上的熵变。另一些熵变比较缓慢，但仍存在更大的变化或局部的适应，如图表5.1所示。

模型	描述	成果
增量模型	假设在特定领域为教师提供培训的行为总是会自动地导致他们理解、认同他们正在接受的培训，并以预期的方式将其付诸实践	平均而言，教师们会记住25%，而只有不到10%会付诸实践
级联模型	增量增长模型的一种变体。它做出了相同的假设，但更进一步，表明每一个被训练的人会依次训练其他许多人——创造一个幂律效应	只不过是一份份复印件
不平衡的增长模型	找出表现优秀的教师，像播撒种子一样在各个学校传播，促进思想的传播和行为的改变	好坏参半。这与正常的职业发展轨迹背道而驰，即教师随着职业发展而去更好的学校。还需要合适的当地关键教师，以避免被排挤出局
细胞分裂模型	要求教师们创新一种新的方法，然后，就像分裂出细胞那样，从零开始建立一所体现创新的新学校	好坏参半。在我们有太多学校之前，我们能做到的频率是有限的。多样性也会限制我们评价影响力的能力

图表5.1
规模化的不同模型

来源： 汉密尔顿和哈蒂（2021）；改编自埃尔莫尔（1996）。

事项4：项目的大小

我们知道，某些类型的实践比其他类型更容易扩展。例如，学会唱《波西米亚狂想曲》（*Bohemian Rhapsody*）的第一节要比唱完整的八节容易。而且学唱八小节又比学吉他独奏、低音吉他和鼓更容易。每一个都是个更大的"项目",每一个额外的计划都需要掌握不同的事项——从记忆歌词，到声音控制，到掌握吉他和打鼓技巧，甚至有些我们都不知道用什么技术词汇来描述。

项目大小（和数量）的含义同样适用于教育改进的规模。我们通过以下内容进行分辨：

1. 小项目。这就相当于让每个已经掌握了《波西米亚狂想曲》第一节的人去学习第二节。这是一个相对独立的改变，已被编成法典，因此应该更容易实现。一个教育方面的例子是，从一天之始时登记学生出勤到每节课都登记。这是一项每个人都知道如何做的，并且已经每天做一次的活动的延伸。它只需花费很少的时间去实施，也无需花费很多时间向新教师解释如何去做、为什么去做以及如何记录数据。并且还可以用简单的监视/审计流程对执行进程进行检查。因此，它（应该）更容易扩展。

2. 大项目。在这里，我们从唱《波西米亚狂想曲》到学习多种歌曲，并在合适的场合演唱它们：在过生日时唱《生日快乐歌》，在12月时唱《我们祝你圣诞快乐歌》。这方面的教育例子是，在每节课开始时介绍成功的标准。包括在每节课开始时向学习者解释他们即将能做的事，以及为了达到目标他们需要做什么。建立成功标准是一种高影响力的指导方法（d = 0.88）。依据介绍的方式不同，它可能不会比点名或唱歌多花时间。但需要在一天中以更高的频率反复提及（或"唱"）它，并根据每节课的特定学习目标进行情景化处理；所以，这更像是一天唱几次不同的歌，这首歌是歌手写的或至少是歌手进行本土化改编的。因此，在扩展过程中，我们应该期待更多的执行摩擦，我们的计划逻辑模型需要明确构建这一点。

3. 多项目。这是一个重大的变化，不仅包括更多的日常活动，还包括对这些活动进行本土化处理——比如对人声、吉他和鼓点进行重新编排，让不同的歌曲应对所有的场合。教育事例是，在所有学校中实施5种高影响力的教学方法：认知任务分析（d = 1.29）+成功标准（d = 0.88）+分化（d = 0.68）+拼图法（d = 1.20）+反馈（d = 0.57）。即使这种扩展伴随着大量的培训、训练、同伴学习和脚手架支持，扩展程度也是非常高的。这是因为预期的变化程度是深远的。因此，它还伴随着电压下降、突变和缺乏维护的重大风险。有些人擅长声乐，有些人擅长吉他；有时会选错歌，唱得不好。

关键是，小项目可以扩展到大项目，而大项目或多项目并存具有最大的潜在熵。你需要考虑到这一点，并在你的计划逻辑模型中构建它，然后通过连续复盘、改变设计特点和设置级别来进一步迭代它。

事项5：传输机制

下一个关键维度是关于如何传播新思想、协议或"项目"。在这里，我们对病毒传播、复制和适应进行了区分。

病毒传播

病毒式传播是指一个新的想法、过程或工具逐渐地、有机地通过系统传播，并逐渐以其黏性来感染越来越多的大脑。换句话说，用理查德·道金斯（Richard Dawkins）的话来说，它成了一个"梗"。

通过口口相传、推荐信、社交平台以及权威人物和有影响力的人，这个想法得以传播。更多的人会理解、谈论和接受这个想法。布鲁姆（Benjamin Bloom）的分类法是病毒传播的一个例子。在20世纪50年代，本杰明·布鲁姆提出这个概念时只在边缘圈子里讨论过。但分类的知识和使用已经逐渐增长，今天，它在课程开发、评价和课堂教学中已得到广泛使用。然而，值得注意的是，关于布鲁姆分类法的有效性很少有高质量的研究。有时候，即使没有验证性的证据，有些想法也能坚持下去。

如果你在系统级别工作，你其中一个计划逻辑模型可能是通过思想的病毒式传播来改变的。过去的20年见证了教育证据"清算所"的崛起，这些"清算所"试图将最有效的研究"营销"和病毒化。例如，如果你在美国，你可能会在"清算所"里达到巅峰。英国、加拿大、澳大利亚和新西兰都有我们在本书前面描述过的类似的事件。

在将研究转化为通俗易懂又简明扼要的内容方面，这些平台都做得非常出色，甚至在指示具有强有力证据的影响力的编码程序方面，它们也做得非常出色。然而，一旦一个想法被传递出去，接下来发生什么基本上取决于接收者的判断。这与他们的背景相关吗？他们喜欢吗？它是否容易实现？因此，虽然病毒传播效率很高，但它容易发生变异，不能保证思想会被植入。言语是廉价的。行动是困难的。

如果你在学校或学区的级别工作，这些地方对这些想法传播器来说是最好的地方，你可以寻找基于证据的、可能与你背景相关的倡议。但是，你需要使用系统搜索和评价协议，例如我们在步骤2.2中概述的那些协议，以确定在你的环境中概率最高的活动。

复制

复制是明确地将所有执行步骤编成法典——达到赫斯顿·布卢门撒尔（Heston Blumenthal）的烹饪食谱的级别。第一步，把烤箱预热到180度。第二步，准备烤盘。第三步，将加拉加斯胡萝卜切成2厘米厚的薄片等。当然，布卢门撒尔写这些说明并不是心血来潮。他完全测试了所有烤箱从温热到240度的设置，还测试了所有不同厚度的胡萝卜以确定最佳温度、胡萝卜的厚度、胡萝卜的类型和烹饪时间。如果你仔细按照说明中材料的数量和类型以及烹饪过程进行操作，你应该能够复制得出完全相同的结果。当然，在你掌握一些专业技术时，会有一些恼人的事和错误。但如果你完全按照指示去做，就会得到和布卢门撒尔一样的结果。

如果我们将同样的原则应用于教育，那么就像布卢门撒尔一样，我们将在一个"餐厅"（学校）中试点测试我们计划逻辑模型中所有的设计特点和设置水平，以改进和提高它们。然后，我们再扩大到一个或多个其他的学校，来了解与原始想法无关的新利益相关者所接触的现实。在评价调整设计功能及再次设置关卡的过程中，我们会吸取教训。我们会重复这个过程，直到我们获得一个"食谱"，可以在数百种情况下精确地扩展。

以下是我们在规模化过程中可能考虑的一些产品化杠杆：

此处，我们的想法是开发一个总控钥匙脚本，很像航空公司飞行员使用的标准操作流程，或像麦当劳或汉堡王使用的特许经营管理流程，旨在确保从一家门店到另一家门店的统一客户体验。然而，与资深教师相比，新手教师可能对特许经营/复制方法持更开放的态度。在被要求严格执行总控钥匙脚本时，新手教师更容易感到不专业。这也许就是为什么许多教育系统选择探索系统性的调查周期，将一个调查流程本土化处理，这个过程允许教育者选择自己的优先改进方案，并执行自己定制的专属方案。

- **标准化流程**，通过提供明确的步骤（或"单击"）来实现。这可能是搭建的（例如，关于如何以及何时使用它们的推荐过程/检查列表）或脚本化的（例如，忠实执行的强制性过程）。

- **简化流程**，通过减少执行新标准工作协议的点击次数或摩擦点来实现。

- **构建利益相关者的能力**，通过逐步提供支持，包括培训、阶段学习、建模、指导、反馈等来实现。

- **分阶段执行**，或者这样理解，即成功地抛接一个球，再逐渐过渡到抛接两个球。

- **利益相关者的动机**，例如信念（心灵和思想）与激励（胡萝卜）与制裁（手杖）。

- **自动化使用技术系统以自动执行。**

来源： 汉密尔顿和哈蒂（2022）。

适应

适应，就是认识到，不是所有的超市都卖加拉加斯的胡萝卜，以及亚洲的家庭厨房通常没有烤箱。因此，适应的理念是区分有效执行的基本组成部分（即必须有胡萝卜），以适应当地的环境。例如，你可以使用其他品种的胡萝卜，但我们建议你按以下顺序替换：产自丹弗斯、皇家的，然后再是南特。如果你没有烤箱，那么完全可以用煮沸替代，然后用平底锅完成，但味道会有所不同。

在我们的教育背景中，适应和规模化执行是相关的，同时允许当地的利益相关者做出适当的调整，这样的话，活动或项目就可以根据当地的情况进行调整。

然而，如果你明确地要建立规模化的项目，我们的建议是，不要离开可以完全本土化的区域，而去需要冒险自行决定的区域。否则，你的胡萝卜蛋糕里可能没有真正的胡萝卜。相反，当你迭代你的计划逻辑模型时，我们建议你映射和标记以下内容：

● **强制过程/设计特点**或那些不能以任何形式偏离的内容，因此需要锁定的特点。

● **灵活的过程/设计特点**或那些需要执行，但对本地判断/变化的容忍度很高的特点。一个例子是，学校出勤是在整个年级中进行，还是教师在各自的教室中进行。点名时，孩子们喊什么来表示出勤并不重要；重要的是，要准确捕获考勤数据。

● **内置本土化区域**或明确的设计功能，让当地利益相关者进行"装饰"和个性化操作，以增加买入/所有权，达到宜家家居般解锁的效果。这可能就像在国家标准化文件的正面添加学校标志和画面一样简单。或者，也可能像一个脚本式的直接指导程序那样复杂，这个指导程序强调可以本土化的执行领域，以更贴近学生的生活，并提供如何做到这一点的建议示例。

来源：汉密尔顿和哈蒂（2022）。

事项6：扩展清单

我们希望从事项1至事项5中明确的是，有许多可移动的部分会影响任何活动、计划或倡议的扩展潜力。包括图表5.2中列出的内容。

主导	项目	1	更易扩展	2	更难扩展	3
1.教育挑战 （即需求）	1.1		和大多数学校相关		和很少学校相关	
	1.2		维持现状并不是一个选项		这是我们可以考虑的众多计划之一	
	1.3		紧迫感强烈		紧迫性较弱	
	1.4		对改变的反对声音微弱		对改变的反对声音强烈	
2.环境语境	2.1		导致教育挑战的原因在所有情况下都是相似的		在许多情况下，导致教育挑战的原因是根本不同的	
	2.2		用于执行的当地资源是相似的		用于执行的当地资源很不相同	
	2.3		用于执行的当地能力是相似的		用于执行的当地能力很不相同	
3.逻辑模型	3.1		强有力的证据表明，即使在不同的环境和背景下，它也是有效的		即使在相似的环境和背景下，有限的证据是奏效的	
	3.2		强有力的独立评价数据证实了影响		在设置的语境中没有独立的评价数据	
	3.3		执行模型被严格编码		执行模型未被严格编码	
	3.4		获得许可的适应参数被严格编码		获得许可的适应参数未被严格编码	
	3.5		适度偏离现状（即进化）		彻底偏离现状（即革命）	
	3.6		复杂度低，移动部件数量少，相互作用小		高复杂性，大量的移动部件和相互作用	
	3.7		容易监控与评价		较难监控与评价	
	3.8		比维持现状的成本低		比维持现状的成本高	
	3.9		与大多数情况下有效的信念一致		与大多数情况下有效的信念相反	

主导	项目	1	更易扩展	2	更难扩展	3
4.骨干组织	4.1		有多年的可持续资金		将被迅速拆除的临时结构	
	4.2		支持规模化强大的组织能力		支持规模化微弱的组织能力	
	4.3		骨干组织和目标采用者之间强大而深入的协作关系		骨干组织和目标采用者之间的新关系	
	4.4		在扩展这个或其他计划方面有重要的经验		在扩展这个或其他计划方面的经验有限	
	4.5		有严格的标准化流程		缺少严格的标准化流程	

图表5.2
规模拓展清单

来源：版权所有©认知教育（Cognition Education 2022）。

如果你的意图是扩展你的计划，那么我们建议使用这个框架来为准备情况打分。之后，你可以使用评价的结果来完善你的计划逻辑模型，为你自己的组织做准备。

从以上6个事项中得出的关键要点

1.要扩大规模，你需要做以下事情：在普遍存在的教育挑战中，确定一个值得追求的可扩展目标。

2.综合绘制你的生态系统（即通过路径分析），来确定系统范围内的背景是否统一，是否是杂乱无章的。如果是后者，开发一种单一的干预措施来支持整个系统的不同需求可能会更具挑战性。

3.构建计划逻辑模型，来回应整个系统相似性和差异性的关键分类。

4.对这些逻辑模型进行压力测试，包括仔细分析最适当的设计特点和设置水平，以及获得许可的适应领域和适应程度。

5.在执行期间，定期复盘以确定支持有效扩展的迭代增强。

6.在初始的计划逻辑模型中明确地构建扩展性的考虑因素。不同的扩展策略包括：

• "做大"，寻求在所有学校/环境中推出一项统一的活动/项目（当包裹较小时效果最好）。

• "滚雪球"，通过测试和改进计划逻辑模型来实现，并逐渐将更多的学校吸引到程序的轨道中。

• "变得灵活"，通过为不同类型的情景提供少量预先验证的执行模型（如果根据你的路径分析表明类似症状有多种复杂原因，那么这种方法最有效）实现灵活执行的目的。

• "灵活发展"，通过为学校提供工具来设计和评价他们自己的地方举措，以应对他们确定下来的教育挑战，从而实现这一目标。可见的教学影响力为学校提供了这样一个支持框架。

来源：改编自汉密尔顿和哈蒂（2022）。

——— Conclusion ———

结论

本书关注两个事实。

1. 目前我们拥有充足的证据证明，哪些方法对提升学生学习成绩是有效的。关于教学、学习、领导力等方面的研究已超过150万份。研究涉及数以亿计的儿童，且其中大部分研究是在发达的英语国家进行的。虽然在一些领域仍存在研究空白，但我们已经掌握了增强教学影响力的关键因素。在某种程度上，我们可以说，循证的时代已经结束。

2. 以英语为主要语言的国家一直致力于制定政策和程序，执行这些证据，但收效甚微。自1970年以来，我们在教师资格认证、专业发展、课程材料，以及专业标准方面付出了许多的努力，教育工作者比以往任何时候都更辛苦、更长时间地工作。但当我们跟踪1970年以来英语国家的学生成绩时，我们很难找到学生成绩提高的迹象。付出如此多的努力，回报却如此之少。

由这两个事实可推导出：

证据+努力=不均衡的影响力

为了平衡等式，我们需要加上第三个掌舵人：

证据+努力+系统地执行=持续增强的影响力

当然，"执行"不仅仅是指做的部分，它是一个结构化的过程，支持教育工作者（1）发现当地迫切的需求。（2）通过设计将合适的循证干预措施本土化。（3）切实执行计划。（4）通过复盘评价、增强影响力。（5）进一步努力，维持和扩大影响力的规模。

尽管循证的时代已经结束，但执行的时代才刚刚开始。主要原因是，我们仍然缺乏有关执行的高质量数据。我们通过"可见的学习"项目对300多个可执行的项目进行了1800多个元分析。设计了适合教育系统、学校、教学团队、教师的实用执行方法（即5D模型），具体做法如下：

• 回顾50个已有的执行方法（如目标识别、设计、项目管理、监控系统、评价过程等。）

• 在50种方法中确定了23个常见的执行过程，包括发现、设计、执行、复盘、升级5个阶段。

• 汇总有关执行的成功因素的元分析，包括执行少数元分析，以及基于我们在50多个国家与超过10万名教育工作者一同实践获得的研究成果。

最重要的是，我们尝试深入研究，以获得实际执行过程中的更多细节。因为现有的为教育工作者准备的书籍虽然提供了高水平的模型和可视化的图表，但缺乏可以付诸实践的具体步骤。我们的目标是，通过阐释5D模型，为你提供易于理解、实践的明确步骤，告诉你应该如何执行。

这意味着，你需要系统地遵循完整的5个阶段的每一个步骤。我们承认执行完整的5个阶段的过程需要强大的意志力。这也是为什么，我们认为在教育系统、学校中需要执行专家这一角色。

事实上，我们认为，在某种程度上你已经使用了5D模型。生活中，你可能会平衡、选择不同的目标（例如，为未来存更多的钱，还是把钱用在享受当下的生活上）。经过思考，你决定花钱去享受生活。例如许多人会选择去度假。决定的过程本质上是发现阶段明确目标的一种呈现形式。接下来，我们要决定去哪里和做什么。很多人都会在网上浏览旅游博客，仔细研究他人的旅行经验（即探索设计空间中的选项）。当我们确定了旅行的目的地，下一步便是规划旅行的模式。是自己规划行程，还是外包给专业人士（即设计阶段）。设计好计划后，我们便正式开启旅行（即执行阶段）。这一过程通常也包括休假（例如，暂停你正在进行的工作项目）。

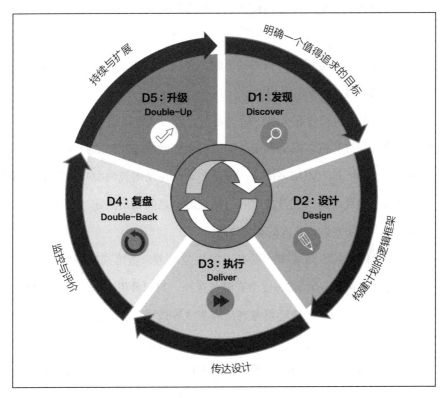

图表0.3
5D教学影响力示意图

此外，**我们还要对计划进行实时的调整**（例如，航班取消、博物馆周一不开放、风太大，不适合体验水上摩托项目等），并与我们的旅行伙伴就下一步的活动达成一致。在旅途中，有的人会拍摄照片、录制视频，或许还会在网上撰写旅行评论。有的人会制作旅行回忆录，包括日记、粘在一起的票根、地图等。而在旅行结束后，我们会思考这次旅行的目的达成了吗？下次旅行还会采用类似的模式吗？还会和同样的伙伴一起吗（即复盘阶段）。

我们认为，在生活中，我们做出的每个决定都经过了5D模型中的5个阶段。但也有两点关键的区别：

1.编码水平。当你在头脑中做决定时，你可能并不总是意识到你所使用的确切过程或标准。根据经验法则或启发式教学法，你的行为是隐性的而不是显性的。这可以用来决定，你是喝拿铁还是喝纯白咖啡，但不能用于在跟踪与偏离跟踪，或开放空间与传统教室之间做出决定。对于类似的重要决定，你需要进行深入的系统思考。

2.最优停止。面对选择你更有可能快速思考，做出判断并快速行动。往往此时，你可能只看到1—2个有限的选择。我们希望，你在做出选择之前能够三思而后行，系统地思考自己有多少种选择，需要在多长时间内做出最终的决定。如果你正在尝试执行一些随后会很难撤销的决定，那么你最好放慢思考的速度，勾勒出设计空间中所有的可行选项，以及它们可能产生的影响（即，你需要在固定、迭代、流动的执行模式之间做出阶段性的选择）。

当你应用5D模型时，我们希望你能警惕仅通过使用特定的工具和表格，便可以设计出完善的计划从而产生影响力，这一错误的想法。工具、

D1 发现	D2 设计	D3 执行	D4 复盘	D5 升级
明确一个值得追求的目标	构建计划的逻辑框架	传达设计	监控与评价	持续与扩展
1.1 搭建骨干组织	2.1 探索设计空间中的选项	3.1 确定执行方法和计划	4.1 监控评价	5.1 可持续度的考量
1.2 确定教育挑战	2.2 建立计划逻辑模型	3.2 执行计划	4.2 监控执行	5.2 可扩展度的考量
1.3 阐释教育挑战	2.3 对逻辑模型进行压力测试	3.3 收集监控与评价数据	4.3 评价执行过程	
1.4 将目标可视化	2.4 设置最优停止时间		4.4 反思评价	
	2.5 建立项目监控与评价计划			

图表0.4

5D教学影响力的分解步骤

过程、模型本身并不是目的，它们的价值在于驱动你提出更好的问题，收集更全面的数据，进而生成更好的答案，设计、测试更有效的干预措施，然后执行，通过像科学家一样系统地思考、行动增强自己影响力。

为什么教学影响力如此重要？因为它是连接过去、现在与未来的桥梁。

随着全球人口从21世纪初的60亿增长到2057年预计的100亿，日常工作逐渐自动化，人们将比以往任何时候都更需要教育。这意味着，人们要具备更强的计算、逻辑思考能力，更高的文化素养，拥有全球化的视野和文化资本。同时，也会有更多的人因未得到足够的教育而不具备维持生存的技能。

教育是改变糟糕现状最好的方法，是推动社会进步的加速器。我们在教室、学校、学区所做的一切，从根本上改变了孩子们的生活，以及他们生命中的机遇。是时候通过系统思考与执行增强我们的影响力了。

附录1

总结50个实践有效的执行模型

执行模式	描述	使用的环境
敏捷法 安石和鲁尼恩（2014）	迭代式项目管理方法主要用于软件开发。重点领域包括：(1) 迭代和增量执行，有短期的反馈回路；(2) 有效的沟通；(3) 注重质量	软件开发项目
欣赏式探询 库珀里德等人（2014）	该模型的中心是识别、庆祝并利用现有的优势，不寻找需要解决的问题和赤字理论。提出了4D方法：发现（D1）；梦想（D2）；设计（D3）；命运（D4）	全球范围内商业和公共部门
平衡计分卡 劳里和科博尔德（2004）	一个战略绩效管理工具，用于支持对进展的监控与评价，来评价四个方面的数据：(1) 客户；(2) 财务；(3) 流程；(4) 学习和成长	各种商业和公共部门
集体影响力 卡尼亚和克雷默（2011）	提出了产生影响的5个关键标准：(1) 共同的议程；(2) 共有的测量标准；(3) 相互增进的活动；(4) 持续的沟通；(5) 骨干组织	美国的社会影响项目
COM-B模型 能力，动机和机会 米基（2011）	在医疗研究过程中设计了一个框架以支持决策的采纳。该模型认为执行决策是否成功受环境适应性的强烈影响，包括：(1) 当地执行既定干预措施的能力；(2) 执行的动机；(3) 执行的机会/能力	卫生保健和释模型
关心的社区 （CTC） 霍金斯和维斯（1985）	一个由基层的利益相关者参与的社区合作模式：(1) 启动；(2) 组织；(3) 制定社区简介/确定需求；(4) 制订计划；(5) 执行和评价	青少年问题行为

执行模式	描述	使用的环境
基于关注点的采用模型 (C-BAM) 霍尔和霍德 (2011)	重点关注正在执行扩大规模的项目在教育工作者中的认知上的问题/执行中的障碍。还提供了一系列评价工具来衡量目标和采纳程度。关键的方面包括：(1)关注阶段，与执行的个人/情感方面有关；(2)创新配置，与执行的忠实度/适应程度有关；(3)使用水平，与执行相关者的执行程度有关	高收入国家的教育部门
实施研究综合框架 (CFIR) 达姆施罗德等人 (2009)	一个概念性的框架，包含了39个被认为可以改进执行过程/结果的结构。框架涉及5个领域：(1)干预的特征，包括干预的复杂性、利益相关者的特征；(2)内部环境，包括组织氛围和领导参与；(3)外部环境，包括外部政策和执行的激励；(4)个人特征，包括对干预的信念和知识；(5)执行过程，包括选择和评价协议	卫生保健释放型
估算 莱文等人 (2018)	项目采纳决策工具，支持对执行，维护不同干预措施维护和影响的估算成本进行估算，并对成本。维护不同干预措施实施的财务成本进行估算，并对成本、可能性模型影响的深度进行比较。	教育财政政策模型，美国
执行 巴伯等人 (2011)	为扩大既定的干预措施而设计，包括与以下方面有关的程序：(1)就成功标准达成一致；(2)建立问责结构和衡量标准；(3)制定适应当地的执行目标；(4)绩效监测；(5)强有力的问责对话；(6)奖励和成果	高收入和中等收入国家的公共行政情况，
设计思维 利特克等人 (2013)	采用了一系列过程，包括：(1)背景分析，确定需要解决的问题；(2)构思过程，制造解决方案；(3)建立模型和原型；(4)测试和评价	全球范围内商业部门
新产品渗透理论 罗杰斯 (2003)	采用模式的理论，旨在解释创新如何通过系统传播达到临界质量。提出了历经五阶段的决策过程：(1)知识；(2)劝说；(3)决定；(4)执行(5)确认	扩散理论
双菱形 设计协会 (2021)和奈斯勒 (2018)	一种以设计思维为导向的方法，要经过以下四个阶段：(1)发现；(2)定义；(3)制定与开发；(4)执行。还提供了一个方法库的工具和方法	多样化

执行模式	描述	使用的环境
动态适应过程 阿伯斯等人（2012）	医疗实践模式，核心是使基于证据的协议适应当地情况。提出了执行的四个阶段：（1）探索阶段；（2）准备阶段；（3）执行阶段；（4）维持阶段。许多特征与EPIS模式相似重叠，聚焦本土化	卫生保健部门
动态可持续发展框架 钱伯斯等人（2013）	该框架的重点在于要在医疗环境中保持和维持以证据为基础的议程。关键的方面在于，随着时间的推移，干预、执行环境和更广泛的生态系统（如政策、法规和市场力量）之间的契合度最大化	卫生保健部门
引导变革的八个步骤 科特尔（2012）	成功激活活的改革方案通用框架：（1）创造一种紧迫感；（2）建立一个指导性团队；（3）形成一个具有战略性的愿景和倡议；（4）招募一支志愿者团队；（5）消除障碍使得行动得以实现；（6）创造短期的成功；（7）持续加速，及（8）研究变革	全球范围内商业和公共部门
探索、准备、执行、维持（EPIS）穆兰等人（2019）	医疗执行模式有四个关键（即评价评估当地需求和适当的循证方案）：（2）准备（即制订执行计划）；（3）执行；（4）维持	卫生保健部门
取得成果（GTO）万德斯曼（2014）	基于结果的10阶段，以达到既定结果：（1）关注；（2）目标；（3）采用；（4）适应；（5）资源；（6）计划；（7）监测；（8）评价；（9）改进；（10）维持。关键的重点是为确保商定的方案做好组织和准备	可应用范围很广，包括医疗保健、社区改善工作和军事方面
六角形工具 布拉泽等人（2013）	一个由6部分组成的规划/探索工具，供学校确定当地的需求，然后评价预先建立的方案及其对当地环境的适合性。重点方面：（1）需求；（2）适应性；（3）资源；（4）证据；（5）准备；（6）能力	高收入国家的教育部门
人本形设计（HCD）艾迪欧（2015）	参与式行动研究方法包括：（1）沉浸其中；（2）社区集思广益；（3）建模/原型设计；（4）执行	全球范围内商业和公共部门

执行模式	描述	使用的环境
(美国)爱荷华州的模型 布朗(2014)	基于证据改进的八步骤模型：(1)确定需要改进的环境；(2)确定该项改进是否是优先事项；(3)组织一个团队来制订计划，执行计划并回顾有关改进领域的文献；(5)进行批判性和综合性的研究；(6)停止并决定是否继续；(7)在试点项目中进行改变；(8)并评价结果	卫生保健机构的执业护士
改善哲学 格雷班和斯瓦茨(2012)	日本的质量改进理念，该理念与"产品系列""精益改善"紧密结合。专注于改善现有流程，而非开发或进行新的活动或开发"产品系列"。主要原则包括以下内容：(1)每一个过程都可以被改进；(2)持续进行的改进是必不可少的；(3)错误通常是有缺陷的过程导致的；(4)组织中的每一个人都必须执行改进措施；(5)渐进式的变化可以产生重大影响。	全球范围内多领域
"知识到行动"的框架(KTA) 格雷厄姆等人(2006)	专注于在执行之前对医疗卫生研究作适应性处理，调整议程以更适合当地的情况。关键步骤包括以下内容：(1)确定问题；(2)根据实际调整认知，以适应当地情况；(3)评价执行的障碍/促进因素；(4)选择、调整并执行干预措施；(5)监控；(6)评价；(7)维持	卫生保健的实践
精益改善 乌麦容和琼斯(2013)	一个持续改进的过程，重点在于提高效率。涉及(1)定义客户/利益相关者的价值；(2)绘制现有的价值流图；(3)确定流程效率；(4)执行；(5)评价；(6)重新开始	商业制造业和服务业
精益的升级流程 汉密尔顿和海蒂(2022)	发展中国家改善教育的框架。把精益改善和设计思维为导向的方法相结合，来确定执行的活动和方案，然后进行测试和维护：(1)寻找机会；(2)寻找目标；(3)提升；(4)反馈；(5)升级	发展中国家的教育系统
学习改进(LTI) 布里克等人(2017)	"学习改进"提供了一个框架，用于：(1)识别需要改进的领域；(2)指定改进的假设；(3)敏捷项目管理的改进周期	高收入国家的教育部门
逻辑框架法(LFA) 世界银行(2000)	用于支持执行前的计划设计，并对实际行动进行监控与评价。通过大致描述投入、活动和结果，以及如何将其转化为短期、中期和长期的影响，使变革和行动的理论得以发展	低收入国家的国际发展项目
永久性测试版	软件开发范式，包括发布最小的可行产品，审查用户数据，并根据需要增加新功能。与敏捷法一致	软件发展

执行模式	描述	使用的环境
计划、实践、学习、行动（PDSA）戴明（1986）	一个行动研究协议，通过计划（即同意实施什么）、行动（即付诸实践）、研究（即评价影响）及根据证据决定下一步行动来进行地方性的、反复性的政进活动	全球范围内多领域
正向偏差勒马耶等人（2017）和帕斯卡莱等人（2010）	一个用于基层探索和事实调查的框架，发现积极的异常值或"异常者"，以应对利益相关者要要对这些可以被复制和推广的积极的行为进行分类	社区活动
实用、稳健的执行和可持续发展模式（PRISM）费尔德施泰因和格拉斯哥（2008）	RE-AIM模型的扩展，并纳入了六西格玛流程。关键的重点领域包括：（1）创造基础设施以鼓励传播；（2）分享最佳实践（经验）；（3）观察产生的影响，并调整协议；（4）调整协议以适应新的环境	卫生保健部门
格林模式弗莱雷和鲁尼恩（2006）	医疗保健执行模式，包括两个关键的议程：（1）执行前，核心是在执行前对背景信息进行诊断，着重于执行和过程。（2）推进，以确保符合要求。影响和结果评价	卫生保健部门
受控环境下的项目管理埃克塞特斯（2017）	一个结构化的项目管理过程有七个关键的主题：（1）商业案例；（2）组织；（3）质量管理；（4）基于产品的规划；（5）风险控制；（6）变化的控制；（7）进度跟踪	全球范围内商业和公共部门
问题驱动的迭代适应（PDIA）安德鲁斯等人（2017）普利切特等人（2013）	以设计思维为导向的方法，提供明确的协议，用于：（1）识别"问题"；（2）根本原因分析；（3）在设计空间中寻找"解决方案"；（4）执行高概率的干预措施；（5）评价；（6）迭代	低收入国家的国际发展的项目
项目管理知识体系（PMBOK）项目管理协会（2021）	编制了一系列通用项目管理的流程。内容包括：（1）启动；（2）规划；（3）执行；（4）监测和控制；（5）结束	全球范围内商业和公共部门

执行模式	描述	使用的环境
促进卫生服务研究的改进行为（PARIHS）哈维和基特森（2016）	认为成功的执行(I)是证据（E）、文本（C）和促进（F）的功能	卫生保健
让证据发挥作用 沙普尔斯等人（2019）	专门为教育部门开发。概述了一个四阶段的过程：（1）探索；（2）准备；（3）执行；（4）持续	教育改进，英国
素质提升研究计划（QUERI）布尔干呀和基尔伯恩（2021）	支持美国退伍军人的有效方案的框架，各个阶段包括：（1）实施前，对目标、利益相关者进行衡定，并寻找最佳做法，（2）执行，包括适应战略，及（3）维持	退伍兵，美国
素质执行框架（QIF）迈耶斯等人（2012）	提出经历四个阶段的14项关键行动：（1）关于安排主持的初步考虑；（2）建立一个执行结构；（3）执行开始后的持续性结构；（4）评价	卫生保健实施
RE-AIM模型（达到、效率、采用、执行、维持）格拉斯高等人（2019）	从统计意义转化为现实临床意义的医疗部门模型。重点领域包括：（1）覆盖面（即目标人群如何参与加入）；（2）有效性（即确认干预措施将对目标人群产生极影响）；（3）采用（即协助干预和调整协议的过程）；（4）执行（即确保在允许的调整范围内保持保真度）；（5）维持（即将其作为常规做法的一部分进行制度化处理）	大规模推出卫生保健创新
减少变化以增加改进 罗宾森（2018）	执行的四阶段方法：（1）就需要解决的问题达成一致；（2）调查相关的行动理论；（3）评价当前和其他行动理论的相对优点；（4）执行、监测一个新的、充分共享的行动理论	高收入国家的教育部门
复制有效的程序（REP）基尔本等人（2007）	美国疾病控制和预防中心的一项倡议，将一系列卫生保健计划的基本特征本化进行编纂和产品化处理，以便新的提供者可以承包的方式采用它们。每个协议都在各种环境下进行了实地测试，然后再译成日常用语，以便在其他环境中采用	扩大产品化的医疗保健项目
加大教育改革力度 毕夏普等人（2010）	提出了GPILSEO框架：（1）目标；（2）教学法；（3）机构；（4）领导；（5）传播；（6）证据；（7）自主权	教育改进，新西兰

执行模式	描述	使用的环境
六西格玛企业管理战略 皮兹戴克和凯勒（2009）	流程改进的方法。关键过程包括：（1）界定目标；（2）测量并确定关键的质量特征；（3）通过分析确定替代方案；（4）设计替代方案；（5）验证设计	全球范围内商业和公共部门
螺旋调查 廷伯利等人（2014）	为教育工作者提供了6个过程来提高学生学习成果：（1）扫描；（2）聚焦；（3）从直觉出发；（4）学习；（5）采取行动；（6）检查。设计用于短期内的调查和执行周期	高收入国家的教育部门
战略咨询 谢瓦利尔（2016）和拉杰艾尔（2001）	管理顾问在商业/公共服务改进方面使用的一套工具。这套工具为以下过程服务：（1）定义问题；（2）根据问题的判定；（3）确定实际原因；（4）分析辨别可能的解决方案；（5）选择解决方案及其论证基础；（6）向主要利益相关者推销解决方案；（7）执行和监测；（8）处理执行过程中产生的问题	全球范围内商业和公共部门
施蒂格勒模型 施蒂格勒（2001）	旨在供个人、团队或组织使用的模型，通过该模型确定和实施适合当地情况的循证行为。这个5个阶段是：（1）准备，重点是行动目的和当地情况；（2）验证，重点是审查干预措施及其证据基础；（3）决策，重点是决定采取何种干预措施；（4）转化/应用，重点是制订执行计划；（5）评价	卫生保健机构的执业护士
短跑教学 布雷克斯·皮尔和琼斯（2020）	为教学团队开展准备（即确定重点领域和干预措施）冲刺（即执行）及回顾（即反思效果并商定下一步措施）的过程	教育改进，澳大利亚
理解用户－上下文框架 雅各布森等人（2003）	将知识/方案转化/应用于新环境的框架。重点领域包括：（1）用户－团体的考虑；（2）研究与用户间的关系；（3）研究用户内部的关系；（4）传播战略	卫生保健实施
瀑布模型 罗伊斯（1970）	线性项目管理模型，经过需求、设计、实施、验证和维护	全球范围内商业和公共部门

附录2
50个执行模型的主要对比

加法与减法。前者是指实施一项新的/额外的活动，以改进成果。后者是指删除一些活动，要么是全部删除，要么是通过去除一些项目特征来提高效率，或者腾出一下时间。除了精益改善和六西格玛企业管理战略之外，50个框架中大多数模型都是增加的倾向。

创新的规模化与本地需求的驱动。前者从产品创新者的角度出发，提供工具和程序，使创新被广泛采用。后者则明确地从采用者的角度出发，经常在他们确定合适的项目的过程中予以支持。"新产品渗透理论"是前者的一个例子，而"关心的社区"是后者。

自上而下与自下而上。自上而下的模型支持区域性或国家级的组织在多种情况下重复地复制单一的项目或政策。自下而上的框架更适用于不同的当地环境，可以根据当地环境确定和回应实际的需求。传递学是自上而下模型的一个例子，其目的是建立推动变革的国家级执行单位。其他大多数方法论与自上而下和自下而上的模型兼容。

个人与团体。前者提供了供个人从业者使用的议程，帮助个人的进步。后者供团队或整个组织使用。施蒂格勒模型是为个体从业者和集体从业者可直接使用而设计的。其他大多数模型或隐含或明确地以团体为导向。

线性执行与适应性执行。线性模式是按顺序从一个阶段进入下一个阶段，不回避或撤销以前做出的决定。这个模式还倾向于在进入下一阶段之前，花更多时间进行分析、决定。适应性模型既向前又向后。他们既执行，还进行评价和迭代。瀑布模型是线性模型的例子，而问题驱动的迭代适应是后者的例子。

隐式设计与显式设计。后者提供了搜索设计空间的工具和协议，以便识别和定位或建立程序。前者将设计视为一个黑匣子，没有为这个元素提供具体的支持。受控环境下的项目管理是隐式设计的一个例子，而设计思维是显式设计的一个例子。

慢速与快速。慢速的方法强调在执行之前要经过仔细的、深思熟虑的设计，并且设计更有可能被用于较难逆转的变革。快速的方法是"种下一千颗种子"，在每一颗种子上花费很少的时间，评价哪些种子需要进一步灌溉。大部分方法论与这两种立场是兼容的；但敏捷项目管理方法明显是快速法，瀑布法则是明确的慢速法。

刚性与适应性。前者是忠实推广产品化的干预措施，而后者则是提供工具和程序，对项目/活动进行本土化处理以适应新环境。复制有效的程序更倾向于前者，尽管仍有一些允许的调整因素。其他大多数方法论基本上具有隐性的适应性，但包括RE-AIM模型和动态适应过程在内的一些方法论则是显性的适应性，并且非常注重背景的适应性。

空白的与现成的。前者侧重于从头开始设计新的干预措施，而后者则假设所选择的干预措施几乎都是预先构建好的。设计思维是前者的一个例子，而六角形工具则是后者的一个例子。

广角镜与窄角镜。窄角镜专注于执行过程的一个方面，而前者则试图提供一个端到端的全方位过程。窄角镜的例子包括估算和平衡计分卡，分别专注于金融模型和质量保证。其他大多数方法论涵盖了从最初的发现到设计、执行、复盘和升级的多个执行阶段。

治理与专注文化信仰。前者更强调治理和组织程序、问责制以及正式的沟通和监测系统。后者则更注重与当地信仰和文化有关的"软性"方面，以及这些"软性"方面与拟议活动的兼容程度。请注意这些并不是相互排斥的类别；执行和受控环境下的项目管理更倾向于前者，而"减少变化以增加改进"则最倾向于后者。

问题驱动与基于优势。后者更注重欣赏和赞美组织内现有的进步和能力并利用这些优势。它的假设是，不再使用赤字理论和指责的话语会带来更多积极的、生成性的对话和思考。前者明确地集中在寻找和补救问题上。它的假设是只有问题才值得投入时间，而基于优势的探究则会产生"快乐项目"的危险，这种项目并不会不解决实际的需求。欣赏式探询是一个基于优势框架的例子，而问题驱动的迭代适应是一个问题驱动的例子。

执行与维持。维持非常强调如何持续地发展已经执行的东西；而执行没有明确地解决这些长期问题和维度。实用、稳健的执行和可持续发展模式（PRISM）和动态可持续发展框架是明显具有可持续发展层面/过程方法论的例子。

附录3

50个执行模型的主要相似点

在50个模型中，我们确定了5个（相对常见）阶段和23个（相对常见）过程。

阶段1：问题/需求/目标确定阶段（发现阶段）

1. 对问题/需求/目标进行诊断评价。

2. 搭建问题/需求的原因理论（即绘制因果驱动因素和/或绘制现有优势）。

3. 就成功的标准达成一致（即成功地图或结果框架）。

4. 绘制一个与成功标准有关的评价计划。

5. 获得进入第二阶段的授权和资源。

阶段2：解决方法/活动设计阶段（设计阶段）

6. 浏览可归纳的解决方案/机会（即确定可以部署的预建方案）。

7. 开发可演绎的解决方案/机会（即使用程序逻辑框架，从头开始建立多种干预/活动模式）。

8. 对解决方案进行排序。依据以下标准：执行能力、成本效益、执行的难易程度、解决方案/机会是否与利益相关者的信念相联系，适应的可能性或前期与后期采用者的潜力。

9.通过各种可能的设计特点和设置水平以及不同剂量和保真度水平来对首选设计进行压力测试。

10.就首选的解决方案/机会达成一致，包括设计功能和设置水平。

11.确定潜在的促进因素和执行的障碍，并确定这些障碍的风险缓解措施。

12.建立执行能力。

13.制订一个完整的监控与评价计划，包括评价实施的忠实度的方法，并特别关注当地的适应性及其效果。

14.获得进入第三阶段的授权和资源。

阶段3：执行阶段

15.创造执行计划。

a.就执行方法达成一致，例如是刚性、柔性或灵活的；

b.发展项目计划；

c.制定产品/输出描述符和验收标准。

16.推出执行团队，确保研究、评价、项目管理和当地环境的专业知识相结合。

17.用项目管理流程开展执行过程。

18.监测执行情况（即里程碑成果、产品、预算、时间表、产出、结果）并收集评价数据。

阶段4：复盘阶段

19.检查在执行过程中是否按照监控与评价计划收集了评价性影响

数据。

20.确定并同意迭代的领域，包括爬行和学习（或同意停止）以及剂量、保真度、适应性和质量（使用第二阶段进程）。

21.获得进入第五阶段的授权和资源。

阶段5：升级阶段（重复、持续与扩展阶段）

22.利用18—20步骤和6-13步骤中的工具和流程制订重复、持续与扩展的计划。

23.回到第三阶段。

附录4

从选定的元分析和执行情况的系统回顾中获得的发现

研究者	研究类型	介绍和关键发现
丹尼尔斯等人（2021）	系统回顾	审查了74项关于工作场所执行健康和福利计划的研究。确定了以下关键的执行变量：计划的持续性，学习/评价，以及有效的管理
杜布瓦斯等人（2002）	元分析	分析了55项指导性研究，发现监测执行水平的单一步骤所产生的影响效应大小明显较高（0.18与0.06）
迈耶斯等人（2012）	系统回顾	回顾了25个执行框架，确定了14个共同变量，包括需求/适合性评价、适应性评价、建立一个执行组织、接受和沟通策略、制订执行计划、过程评价、从经验中学习
米切利等人（2018）	系统回顾	回顾了104项关于成功使用基于设计思维方法的关键特征的研究。其中包括归纳推理，以设计为导向的工具，跨学科合作，欢迎设计过程中的模糊性
穆兰等人（2015）	系统回顾	回顾了49篇关于卫生保健执行的文章，提出了适用于研究人员推广和扩大其创新的框架。这些创新不同于那些适合组织选择和执行支持其需求项目的创新
穆兰等人（2020）	概念性描述	提出了有效执行的10个因素。包括对问题/目标的定义、逻辑建模、评价方法的选择、详细的执行计划、干预措施的本土化以及基于反馈的迭代
尼尔森和伯恩哈德松（2019）	系统回顾	从环境适应的角度回顾了针对17个卫生保健执行框架的67项研究。最常见的重要背景变量是组织支持、财政资源、社会关系和支持、领导、组织文化和氛围
罗哈斯·安德拉德和巴哈蒙得（2019）	系统回顾	回顾了31项执行学校心理健康项目忠诚度的研究。确定了以下关键变量：依从性、干预措施的质量、对干预措施的接触和接受性
斯密等人（2004）	综合	审查了14个全校性的反霸凌计划。虽然发现没有一个是非常有效的，但他们发现，在那些严格监控的环境里（比没有监控的地方），效果好两倍

研究者	研究类型	介绍和关键发现
托布勒 （1986）	元分析	审查了143项青少年毒品预防的干预措施，发现执行良好的项目比执行较差的项目产生的效果要多0.36倍
威克斯 （2021）	系统回顾	审查了24项与儿童福利介入有关的研究。确定了以下这些在执行过程中的关键变量：资金、与外部利益相关者的合作、工作人员的能力和执行能力、领导层的支持，利益相关者的接受与抵制，干预措施的明确性（如目标和机制），以及建立执行团队
威尔森等人 （2003）	元分析	审查了221个项目，涉及56,000名参与者，重点是减少参与者在学校的攻击性行为，结论是执行过程是影响结果最重要的变量

术语汇总

5D：是5D模型的一个速记术语，5个阶段的首字母都是字母"D"，故称"5D"。它们分别为发现（Discover）、设计（Design）、执行（Deliver）、复盘（Double-Back）和升级（Double-Up）。

溯因推理（Abductive reasoning）：从你目前知道的情况中得出一个临时结论（例如，阿伦·汉密尔顿今天没有准时到达，可能是交通异常糟糕，或者他忘了设置闹钟）。

骨干组织（Back-bone organization）：在系统、地区或整个学校层面建立的临时组织结构，通过5D模型带来深刻和持续的影响。

黑匣子评价（Black-Box evaluation）：一种对影响的评价方法，通过收集干预前和干预后的数据但并不揭开"学校/教室的盖子"的方法，来确定是否有所提升和改进（参考"薛定谔的猫"猜想），了解为什么干预有效或无效（即黑匣子）。

分解结构（Breakdown structure）：以高度细化的方式定义教育挑战的关键特征的方法（即通过将关键要素分解为其构成部分或子组成部分）。

空白箱评价（Clear-Box evaluation）：一种影响的评价方法，收集丰富的定性和定量数据以了解所选的干预措施有效或无效的原因，思考如何进一步改进/迭代以加强影响。

D1：发现（Discover）：5D模型的第一阶段，主要是确定一个适当的教育挑战去推进，建立一个目前的理论，并制定临时的改进目标（即决定你最想改进什么、改进多少）。

D2：设计（Design）：5D模型的第二阶段，重点是确定、同意、排序准备执行的活动，并对活动和干预措施进行压力测试。这一阶段还包括建立监控与评价计划。

D3：执行（Deliver）：5D模型的第三阶段重点是执行确定的设计，并收集监控与评价数据。

D4：复盘（Double-Back）：5D模型的第四阶段，重点是审查收集到的监控与评价数据来决定下一步该做什么。可能是继续，也可能是迭代或停止。

D5：升级（Double-Up）：5D模型的第五阶段，重点是维持与扩展影响。

演绎推理（Deductive reasoning）：根据广泛接受的和可用的事实和信息得出结论（例如，为了在上午9点前到达教室，我必须8：15前离开家，因为上学通勤时间需要45分钟）。

设计特点和设置水平（Design features and setting levels）：这是一个双轴绘图工具，使你能够确定拟议的活动/干预措施在执行过程中的所有变化方式。设计特点轴指的是可以变化的东西，包括剂量、持续时间、目标群体和保真度。设置水平轴描述了每个可能的变化增量（例如，对于时间来说，这些增量可以从几分钟到几小时再到几周到几年等）。

教育挑战（Education challenge）：你决定优先考虑并取得进展的关键目标或问题领域，这个目标和问题领域高于其他一切。关于教育挑战，其他常用术语包括关键优先事项、令人信服的事业、正义的事业、核心使命等。

评价（Evaluation）：检查你的行动是否产生了足够的影响，然后决定下一步该怎么做（例如，计划是该继续，是更新迭代，还是停止）。我们区分了黑箱、清箱和灰箱的评价，在本词汇表中也有所描述。

甘特图（Gantt chart）：由亨利·甘特发明的一种图形工具。甘特图能够显示任务和活动，包括时间长度和任务之间的联系或依赖关系。

灰箱评价（Gray-Box evaluation）：一种对影响的评价方法，收集一些定性和定量数据，以了解干预措施有效或无效的原因，并确定如何进一步改进。但这些数据可能不够充分，无法产生有力的结论。

重点报告（Highlight report）：仪表盘式的报告，用于向关键的利益相关者介绍项目的进展，以及当前面临的风险和问题。

执行（Implementation）：在5D的背景下，"执行"指的是发现适当的教育挑战、设计高概率的干预措施、执行设计（即通常意味下的执行）、反馈评价和迭代，以及升级去维持、扩展或停止。

归纳推理（Inductive reasoning）：通过观察一个现象，或在一些数据中观察一个模式来得出结论。

影响泡泡（Influence bubble）：指路径分析图上的一个变量/节点，影响泡泡可被假设为你确定下来的教育挑战的一个因果驱动因素。

看板图（Kanban board）：项目管理工具，用于可视化正在进行的工作、已完成的工作，以及仍需进行的工作。通常将这三者在白板上画成一列，将项目任务写在便条上，等完成后再转到下一列。

滞后迹象（Lagging indicator）：需要时间才能发生的可见的变化，只有经过很长的时间才能测量出来。例如，如果我们为教师提供专业发展，很可能需要几个月（或更长时间）才能看到学生学习成果的明显改善（即存在滞后效应）。

预兆迹象（Leading indicator）：在另一个领域发生变化之前，可以用来预测未来变化的一种迹象。例如，如果我们的课程观察数据显示，教师正在踏实地进行一种新实践，那么我们就可以预测，学生的学习成绩在未来会有所上升。

马太效应（Matthew effect）：一种与"富者愈富，贫者愈贫"观念有关的社会现象。

监测（Monitoring）：检查是否在时间、预算和产出方面完成了你的最初设定。

机会草案（Opportunity sketches）：指可执行的倡议、活动和/或方案的高级清单（例如，智能辅导系统、干预响应方案、混合式拼音课程等），但该草案没有详细说明你如何能够在你的当地环境中实现这一目标（即这只是一个草案，但不是一个详细计划）。

最优停止考虑（Optimal stopping considerations）：决定该花多长时间来搜索、分析和探索选项、机会和风险，然后再开始执行一些事情。关键矛盾点在于详细分析所有潜在选择的时间成本和选择错误并为结果所困的影响成本做出平衡。

路径分析（Path analysis）：一个由休厄尔·赖特开发的工具，用来假设不同变量之间的关系。在可见的教学影响力中用路径分析来发展和测试现在的理论（即根本原因分析）。

积极的离群者（Positive outliers）：在确定的教育挑战领域已经取得高于平均水平成果的利益相关者（例如，学校、教育工作者、学生）。描绘、编著和复制这些利益相关者的不同做法是实现影响的有力途径之一。

专业学习社区（Professional learning community）：一种学校内部的改进

模式，通常采用社区实践的方法在一个年级/年组或学科部门内进行调查，包括召开会议以商定优先的重点领域，开展以改进为导向的调查，并对影响进行评价。

计划逻辑模型（Program logic model）：一个图形式路线图，显示从现在开始到经过改进的未来的路径（即从手段到目的）。包含现在和将要执行的活动/举措的基线数据，包括所需资源、行动、假设和结果的一些细节。它还描绘了预期的短期、中期和长期成果，以及如何衡量这些成果（即影响）。

项目管理知识体系（Project Management Body of Knowledge，PMBOK）：这是一套经过编纂和获得广泛认同的项目管理工具和流程，有助于确保计划成功实施。

项目计划（Project plan）：一个具体的路线图，展示你将如何执行你的计划逻辑模型（即你从A到B到C到产生影响的预期过程）。

林格曼效应（Ringelmann effect）：团队越大，生产力越低的趋势。

鲁布·戈德堡装置（Rube Goldberg machine）：一种以美国漫画家鲁布·戈德堡命名的卡通画。一般情况下这些装置由一系列不相关但相连的设备组成，在一起产生连锁反应，最终达到预期效果（即A把B推到C上，结果是D）。我们建议用鲁布·戈德堡装置动画片作为展示（和思考）计划逻辑模型的另一种方式。

校区层面的改进（School district‐level improvement）：此处指的是由一个负责管理和改进多所学校的骨干组织使用5D模型，通常在同一个地方。在美国、加拿大和澳大利亚的部分地区，通常由一个学区负责承担支持这种类型的项目；在英格兰，通常由多学院信托基金（MAT）提供；在苏格兰，由地方当局提供；在新西兰，由学习共同体（Kahui Ako）提供。

学校系统级的改进（School system - level improvement）：此处指的是在区域、州甚至国家层面的骨干组织使用5D模型。学校系统的利益相关者通常负责数百至数万所学校，并经常在被称为教育部门、教育部或教育服务地域/区的组织中工作。

全校性改进（Schoolwide improvement）：此处指的是由一个全校范围内的骨干组织使用5D模型进行校级的改进。涉及在全校内推进提升学生学习成果的举措，并牵涉到学校领导团队的指导和支持。

压力测试（Stress testing）：确定和缓和所有事情的流程，这些事情在所选的计划逻辑模型的执行过程和协调性缓和计划的发展进程中可能会出现错误。

系统回顾（Systematic review）：一种研究类型，使用系统化和可重复的方法来识别和分析关于特定问题的所有相关研究。元分析是系统回顾的一种类型，综合具有可转换为效应量的定量数据的研究。

理论上的最佳实践（Theoretical best practice）：在系统回顾中，可以有非常积极的发现的活动、干预措施和/或项目。它们在理论上是最佳的实践，这些实践在其他地方产生过非常有效的效果。因此从理论上讲，在你所处环境中它们大概率会产生有效影响。

行动理论（Theory of action）：详细地描述你的改进理论将如何从现在开始对未来进行改进（也就是说，从微观层面描述计划将如何把改进理论付诸行动。首先我们做A，接着是B，然后是C等）。

改进理论（Theory of improvement）：有关提升教学成果的高阶理论。改进理论解释了机会草案产生影响的高层次机制。一个强有力的改进理论是建立在一个强有力的当下理论之上的。

当下理论（Theory of the present）：你对已明确的教育挑战的理解与阐释（即是什么驱动了它，什么是根本原因，以及什么是路径分析）。

校内改进（Within-school improvement）：即专业学习团体对5D模型的使用。例如，在同一年级或同一学科教学团队的教师中实行改进措施。